随縁つらつら対談

Tesshu Shaku
釈 徹宗

本願寺出版社

はじめに

本書は、本願寺出版社の月刊誌『大乗』での連載「随縁対談」の中から、いくつかを選んで収録したものです。「随縁対談」は、親鸞聖人七百五十回大遠忌《だいおんき》があった平成二十三年（この年に東日本大震災が起こりました）の四月号から平成二十八年の三月号まで、丸五年間続きました。一回だけ休載があったので、全五十九回です。実に楽しいお仕事でした。

そもそもこの対談シリーズが始まったのには、わけがありました。平成二十二年に、本書にも登場している大村英昭先生が、ご自分が末期のがんであることを公表されたのです。余命宣告まで受けたそうです。当時、大村先生はちょうど私が勤務している相愛大学へと着任されるところでした。そのため、打ち合わせする機会も多く、いろいろと語り合いました。

雑談の中で大村先生は、「私は長年にわたって社会学者として研究を続けてきましたが、死と正面から向き合ったとき、社会学は何の役にも立たないことがよくわかりました。だから社会学の本をすべて捨てたんですよ」などとおっしゃっていました。お話をうかがううちに私は、「今、大村英昭の語りに耳を傾けねばならないのではないか」と感じ、さらにはそれを文字に残したいとも思いました。そんなわけで『大乗』誌上で、私が聞き役になって、大村先生に語っていただいたのです。本書でも大村先生のページがほかよりも長いのはそのためです。このときは、まさかその後、五年間も続く連載になろうとは考えてもいませんでした。

結果的に「随縁対談」は、いずれ劣らぬ個性派ぞろいのシリーズとなりました。毎回、話題は多方面に飛び、時には「いいのか、こんな話をしていて……。一応、本願寺の月刊誌なのに」などという場面も少なくなかったのです。そのすべてを収録しているわけではありませんが、事情通であればふふんと笑える箇所も点在しています。そのあたりも合わせてお楽しみください。

私は対談本を読むのが好きです。

出版界では「対談本は売れない」と言われています。実際、幅広く読まれることはないようです。でも対談本は、しばしば自分がまるで語りの場に居合わせたような気分にさせてくれます。いや、語り手の声の質感や息づかいまで伝わってくることさえあるのです。本好きにとっては、とても贅沢《ぜいたく》な体験ができる。それが対談本の魅力です。

ぜひ十三名プラス一名の息づかいを読み取ってください。この組み合わせだから起こる化学変化のような語りを発見していただければ、望外の喜びです。

今回はテーマ別にピックアップされたので、十三人の収録となりました。しかし、連載中はほかにも数多くの人たちにご登場いただきました。ご登場くださった皆さまに、この場をお借りして御礼申し上げます。

月刊誌『大乗』編集部の方々と、ライターの塚村真美さんには、長い連載を支えてもらった上に、書籍化にも尽力していただきました。ありがとうございます。また、ＰＨＰエディターズ・グループの小室彩里さんにも、お世話になりました。このご縁が、皆さまにとっても良い出会いとなりますよう願っております。

二〇一六年九月

釈 徹宗

本文構成　塚村真美（ワークルーム）
装画　三木謙次
ブックデザイン　本澤博子

随縁 つらつら対談

目次

第二章 負けそうになるとき

第三章

死と向き合う

第四章

物語をつなごう

第五章 出会いに育てられて

第一章

どうにも収まらない

池上　彰さん
【ジャーナリスト】
大村英昭さん
【大阪大学名誉教授・圓龍寺前住職／故人】

宗教はどれも尊い
世界から仏教を見る

Akira Ikegami

池上 彰さん
【ジャーナリスト】

生きている、生かされている

釈　池上さんのご著書『池上彰の宗教がわかれば世界が見える』（文藝春秋）には、仏教のほか、キリスト教やイスラム教についても書かれていますね。世界を見るとき、宗教を通して見ると、そこに民族性や文化性が現れてきて、視点もまた違ってくるものでしょうか？

池上　そうですね。数日前にイラクから帰ってきたばかりですが、中東に行って日本に帰ってくるたび、私は和辻哲郎が著《あらわ》した『風土』（岩波書店）を思うんですよ。人間の在り方と風土性について、本当によくわかる気がするんです。今回、イラク南部のペルシャ湾に面したバスラという港に立ち寄ったときに、寒暖計を持って行ったんですが、日なたに出すと、あっという間に54℃を示しました。目盛の上限がそこまでだったので、ひょっとするとそれ以上かもしれないですが、ともかく54℃の気温を実感することができました。一方、湿度は15％くらいですから、熱風が肌に当たって、痛いんです。その代わり、日陰は過ごしやすいですよ。

釈　ああ、だから、アラブの人はゆったりした服を着ているのですね。

池上　そうなんです。日よけになって風を通すからなんですね。そして、そんな過酷な自然の中で生きているからこそ、神さまと一対一で相対することになるのだろうなと思うわけです。厳しい環境の下では、ふとしたことで人は死んでしまいます。そんなとき人は、人間ってちっぽけな存在だと思う。そして神さまの怒りに触れてしまったと思う。そんな気持ちがわかるような気がするんです。

釈　近年は、日本の夏も連日30℃を超えるので、けっこう大変ですけれども。

池上　でも、日本の大気は肌にやさしいでしょう。飛行機で成田空港に近づいてくると、緑が見えてきますね。すると「わあ、緑がいっぱいだ」と思う。そしてドアが開いた途端、湿気が一気に入ってきて、「湿気の国に帰ってきた」と思うんです。そうすると、日本人のウエットな感情は、この湿気からきているのかなと思ったり、たくさんの緑を目にすると、いろんな所にさまざまな働きが宿っていると感じたりするんですよね。

釈　自然が人間と敵対するような環境では、立ち向かっていくことや、コントロールする技術を身につけなければ生きていけない状況があるんでしょうね。日本のような豊かな自然の中では、人間も自然の一部というような感情が生まれてきます。宗教観や死生観、人間観、世界観なども、気候や風土の影響が少なくありません。

池上　地域によって、その自然によって、それぞれの自然観や世界観が違うということを客観的に見ると、自分をとりまく自然や環境によって私たちは生かされているんじゃないかなというふうに思いますね。

釈　「生きている」から「生かされている」への転換は、仏教で言えば「縁起」の教えです。縁起とは、すべては関係性の中で生起・消滅するという立場です。その立場に立つことで、我々はさまざまなこだわりや、はからいを捨てる方向へと向かうことができると説きます。仏教は、壮大な人類の知恵といった面がありますね。

池上　子どもの頃から法事などで、お坊さんがお経をあげるのを聞いてきましたが、実はそれがなかなか素晴らしいものだと私が自覚できたのは、ほかのいろいろな宗教を知った結果です。ほかの宗教が間違いだとか、劣っているとかとは決して思いません。キリスト教にしてもイスラム教にしてもヒンズー教にしても、人智の及ばない超自然的な何かによって私たちが生かされているという思いは、いずれも共通していると思うし、どれも尊いものだと思います。その上であらためて仏教を見ると、なかなかよいものだなあと思うようになったのです。

釈　国際情勢についても、宗教を通して見ると、違った見え方がしてくるものなのでしょうか？

池上　ええ、多面的というか、重層的に見ることができると思いますね。例えば、アメリカでは民主党と共和党の二大政党が競い合っていますが、キリスト教の原理主義的な考えを持つ福音《ふくいん》派と呼ばれる人たちのほとんどが、共和党の支持者です。ですから、共和党の大統領候補になるには、福音派の支持を得ることが必要になります。

釈　アメリカ国内の宗教事情がわかっていないと、政治の先行きも読みにくいというわけですね。

池上　また、ヨーロッパでEUがなぜまとまったかというと、背景に同じキリスト教徒であるという親和性があったからです。ですからトルコが加盟したいと言っても、本音の部分では、キリスト教徒以外の国だから一緒になれないということがあるのです。逆に東ヨーロッパの国々とは、経済的にはずいぶん違うけれども、ロシア正教会系で同じキリスト教だということで一緒になれるのです。

釈　私は以前、パレスチナの難民キャンプを訪れたことがあるのですが、聖書の物語が支える強さというものを感じました。ちょっと郊外へ出ると、荒野になっているんですが、

本当に不便な土地にユダヤ教の人たちが二、三軒集まって暮らしている。なぜ、あんな所に住んでいるのですかと聞くと、そこは聖書に出てくる地名の場所だから、ということでした。

池上　聖地ですよね。ヨルダンには、モーセ終焉《しゅうえん》の地と呼ばれる、ゆるやかな丘があります。旧約聖書では、モーセは大勢の人を引き連れて約束の地にたどり着く直前で亡くなるわけですが、その場所は、約束の地が見えているのに、たどり着けずに亡くなった場所なんです。その丘に立って約束の地、つまりイスラエルの方を眺めると、荒涼とした風景の中にそこにだけ緑が見えます。「蜜と乳の流れる地」と言いますが、つまり緑への願望があったのだなあと思いました。そして、丘には緑はないのですが、いったんそこが聖地になると、今度はそこを耕そうとするわけです。

釈　宗教の物語が、人間の生活を力強く支えているのですね。話は飛びますが、東日本大震災からしばらくして、祭りを復興する動きがありました。私は宗教的な土地が持つ求心力というものが、復興のポイントになると漠然と考えています。池上さんは、ずいぶん東北に取材に行かれていますが、東北の方の宗教性など、何か感じられたことはありますか？

池上　宗教性ではありませんが、東北の方の我慢強さ、これは本当に痛感しました。取材に行っても「来てくださってありがとう」とおっしゃる。特に最初に助けられた方々、屋根の上などに逃げていた方を自衛隊が助けに行くと、「ご迷惑をおかけしました」と言った方が大勢いらっしゃった。これには驚きました。昔から厳しい自然に耐えに耐えてきたから、そういった気質が生まれてきたのかな、という気がしました。

釈　友人の僧侶たちが超宗派による読経のボランティアで東北を回ったのですが、「お勤めをさせてください」と言っても、「自分のところの和尚さんがいるから結構です」と断られることがあったそうです。彼らは阪神・淡路大震災のときも回っていたのですが、阪神ではそんなことは一度も言われたことがなかった。東北が全然違うことに驚き、そういう関係性が生きていることに感動したというのです。

池上　断られて感動したんですね。たぶん東京でも歓迎されると思いますよ。東北では地域の制度が生きているのですね。

葬式、お別れ会、いとこ会

釈　ところで、池上さんご自身の宗教観についてもお聞きしたいと思うのですが、例えば、身近な方を送られた経験はおありでしょうか？

池上　ええ、父と母を送りました。実家はもともと日蓮宗なんですが、父親が若い頃から、キリスト教思想家の内村鑑三に傾倒していて、内村と同じ無教会主義だったり、また近所のキリスト教会に通っていたりしたこともありました。ところが、最期は自分の意志が判断できない状態で亡くなりましてね、このとき、はたと悩みました……。父はキリスト教徒だったのだろうか？　と。キリスト教徒だと宣言したことはない、でも教会に通っていた、しかし法事は日蓮宗でお勤めしていた……。

釈　ううむ。

池上　私が悩んでいる間に、母親は何も迷わず、さっさと日蓮宗で送りました。その後で、そのことを知った牧師さんが家に来られ、お仏壇の前でキリスト教のお祈りをして帰られたのです。それを見て、母親が悩みました。あれでよかったのだろうかと。私も何かしら後悔が残りましたね。その後、母が亡くなって、私はそれなりに尽くしたつもりでしたが、もっと尽くせばよかった、もっとやることがあったと悔やみましたね。

釈　同じような思いは多くの遺族にあるようですね。ところで、本で読んだのですが、池上さんのお友だちが亡くなって、その奥さんが骨を友人に渡したいとおっしゃったという、びっくりするような話が載っていたのですが。

池上　そうなんですよ。いわゆる直葬で、葬式せずに、いきなり火葬場で骨にしちゃったんですね。最近、そういう人が多いと聞いて、さらに驚きましたが……。亡くなったのは大学時代の同級生で、とても親しくしていた仲間だったんですよ。亡くなったというので、仲間が葬式に行きたいと奥さんに言ったら、「もうお骨にしちゃいました」とおっしゃった。じゃあ、せめてその骨の前にお線香をあげさせてほしいと言うと、「骨はいりませんから皆さんで管理してください」と。直接電話で話した友人が私に電話をしてきて、「こんなこと言われたけど、俺がおかしいのかな？　俺おかしくないよね？」と聞いてきた。「常識だと思うよ」と私は言いました。

釈　まあ、あまり聞かない話ですよね。

池上　結局、しばらくしてから彼の写真を遺影にして、東京のホテルでお別れ会というのをしたんですよ。

釈　やっぱり！　なさったんですね。

池上　ええ。どうにも納得できなくて。収まりがつかないというか……。

釈　私も、全く同じ話を聞いたことがあります。うちの近所の方で、学生時代の友人が亡くなったけれど、奥さんが葬式はしませんと言うので、友だち同士が集まって葬式をしたというのです。やはり、収まりがつかないから、という理由でした。

池上　まさか同じ人じゃあ？（笑）。

釈　いえいえ、関西の方ですから（笑）。全く同じなのは、その方も決して熱心な仏教徒というわけではないのに、どうにも収まらないという思いで、皆が集まったということです。

池上　私たちもお別れ会という無宗教の会だし、集まった連中も宗教心などとても感じられない。でもね、区切りをつけたいという気持ちが共通してあった。そもそも葬式には、そういう社会的な役割があったのだと思います。葬式にしても法事にしても、残された人、生きている人のためのものですよね。

釈　そうですね。葬式が終わって、初七日《しょなぬか》、二七日《ふたなぬか》……、四十九日《しじゅうくにち》、百か日と続きますが、日常から離れて、手を合わせたり頭を下げたりする場があり、亡くなった方と、「生き死に」を超えてつながることができると思うのです。生きている人が、この道を進むと死んだ親父が悲しむだろうなとか、この道へ行ったら亡くなったおばあちゃんが喜ぶだろうなとか、亡くなった方の願いや思いに耳を澄ませることができます。そういう場を定期的に設けることは大事なことですよね。

池上　また、私のおばさんが亡くなりましてね。独身でしたから、身寄りの者となると甥と姪になるのです。つまり私のいとこたち。七人のいとこが集まって葬式を出したんです。遺産が少しあったから、皆で集まって食事をしましょうということになって、春と秋にいとこ会をやっています。

釈　おばさんの死をきっかけに、いとこ会が始まったんですね。

池上　不思議ですね。それこそ法事で会うくらいで、それ以外はなくて。もう皆、親を送ったから、次はこの七人のうち誰かが欠けたときになるのかと思うと、それは寂しいから、七人が生きているうちに会おうということになりました。七回忌にはお寺でお勤めしました。

釈　亡くなった方とのご縁が求心力になって、また新たな関係を紡がれたのですね。いいですね、いとこ会。

宗教の違いを超えて

池上　今度は釈さんに質問があるのですが、東北の大地震でとりあえず一部土葬にされましたよね。それに対して、土葬にするなんてかわいそうという反応が結構ありました。世界標準では土葬なのに、すごく意外な反応だと思ったのですが、あれはどういうことなのでしょうか?

釈　日本で火葬が一般的になってから数世代を経ています。つまり「先例と異なれば、違和感がある」ということです。これは宗教儀礼を考える上でのポイントだと言えるでしょう。

池上　火葬すると聞いたら、イスラム教徒はとんでもないことだと驚きますよ。

釈　韓国の人も嫌がりますね。同じ東アジア文化圏ですが、死んだ人をさらにもう一度焼くということに抵抗があるようですね。

池上　その一方、ヒンズー教は火葬します。

釈　日本の火葬と違って、灰になるまで焼いて、川に流したり山に捨てたりします。ヨー

ロッパでも、灰をきれいな壺に入れて飾るところがあります。どちらかというと日本の火葬の方が特殊ですね。きれいに骨だけ残して焼いて、さらにそれを土葬する。最近は、インドでもお墓を造るようになったらしいですよ。近代化されて、個人という概念が強くなったからじゃないかと思います。

池上　おそらくそうでしょうね。

釈　東北の震災で土葬されたご遺体を掘り返して火葬し、埋葬しなおすというのも、同じような感覚なのかもしれません。いずれにしても、人類は、死とか遺体とか、ままならない、思い通りにできないものに対して、いろんなことをやりながら、死と向き合ってきたのだと思います。

池上　ええ。世界に目を向けますと、いろいろな信仰があって、それぞれの宗教に、人智の及ばない超自然的な何かによって、私たちが生かされているという思いが、いずれも共通してあって、それぞれの宗教心は尊いものです。仏教がなかなか素晴らしいものだと気づいたのは、ほかのいろいろな宗教を知った結果です。ぜひ、世界に目を向けて、他の宗教も知った上で、私たちの世界観を確かめてほしいと思います。

釈　宗教の違いを知るのも大切だし、また「人間っていいとおしいなぁ」「精いっぱい生きているなぁ」という思いは、宗教や宗派の違いを超えて共有できます。いずれにしても、人間を知るには宗教という面をはずせない。

池上　イラクのビザを申請するとき、アラビア語と英語で書くのですが、名前の欄の下が、レリジョン、つまり宗教なんです。名前の次に大事な情報は宗教なんですよ。

釈　で、何とお書きになったんですか？

池上　もちろん、ちゃんとブッディストと書きましたよ（笑）。

池上 彰

（いけがみ・あきら）

1950年長野県生まれ。ジャーナリスト。ＮＨＫ報道記者、キャスターとして活躍、『週刊こどもニュース』のお父さん役が人気を集めた。退職後はテレビ出演や新聞に執筆するなど多方面で活動。わかりやすいニュース解説で知られる。『池上彰の宗教がわかれば世界が見える』（文藝春秋）、『伝える力』（ＰＨＰ研究所）ほか著書多数。

家族の縁もはかないだからいとおしい

Eisho Omura

大村英昭さん

【大阪大学名誉教授・圓龍寺前住職／故人】

消費者体質でよいのか？

釈　大村先生は、自らが大腸がんであることを連載コラムの中で公表なさいましたが、私が非常に感心させられましたのは、信頼するお医者さんにすべてをまかせきっておられたことです。他人に身をまかせる覚悟というのはなかなか持てるものではありません。どうして、まかせきることができたのですか？

大村　私の場合はとても恵まれていたので、おほめいただくと逆にちょっとつらい。というのは、私は国立病院機構大阪医療センターの倫理委員をしていて、先端医療に関わるお医者さんたちが、万が一何かあったら自分にまかせてくれと言ってくださる。既に信頼関係があったから「絶対、後から恨み言は申しません。おまかせします」と言えたのです。

釈　恵まれていたとはいえ、いい出会いがあっても、それを喜べない人は世の中にいっぱいいるし、それに身をまかせられない人もいくらでもいます。先生は身を「まかせ上手」だったことが、よい結果を生んだような気がします。今、「お世話され上手」な人が少なくなっていますよね。自分の身を人にゆだねる覚悟がない、だから、お金を貯める。そうして対価でサービスを買おうとする。

大村　子どものない人ほど、その傾向は強いかもしれませんね。でも、そのお金はいくら貯めても安心にはなりません。それに、子どもがいても「子や孫に迷惑をかけたくない」とおっしゃるでしょう。ところが、いざ倒れたらどうするのですか？　誰かに助けてほしいわけでしょう。すると、よそさまの子や孫に助けてもらうことになる。そんな横着な話がありますか！　せめて自分の子どもぐらい、死んでいく親の世話をするように訓練できませんか？　それこそ死ぬための教育ですよ。

釈　「人に迷惑をかけたくない」と言う人は、基本的に「自分が迷惑をかけられたくない」人なんですよ。自分が面倒を見たくないから、自分も面倒を見てもらいたくない、となる。

大村　それで、結局、国が何とかするべきとか、地方公共団体がどうにかしろとか言う。国や生命保険会社は、お金は出してくれますよ。でも手足は出してくれません。誰の手を借り、誰の足をわずらわせて死んでいくのですか？　国の福祉政策についても、私は反対です。若い人を老人介護の現場に引っ張り出してきて、しかも雇用機会を提供するという。誰がやりたいですか！　自分の親の世話だって大変でしょう。私は嫌です。だけど、誰かが介護をしなければいけない。じゃあ、外国から呼んでこようという……。

釈　全くの消費者体質。専門家がサービスを提供する、それに対価を支払う。

大村　そう、専門家依存ですね。

釈　そうなんです。近年活発になった「お葬式論」も、その構図で語られました。「提供される宗教的なサービスが、出したお布施《ふせ》と釣り合っていないじゃないか」といった消費者としてのクレームです。やはり、僧侶も遺族も、ともに死と真摯《しんし》に向き合う姿勢がなければお葬式は成り立ちません。消費者体質だけでは立ち行かない場面がきっとあると思うのです。サービスする側とされる側という図式を問い直すべきではないかと思います。

大村　私の経験したお葬式で、ご門徒さん（浄土真宗寺院の信徒のこと）も非常に喜んでくださったのが、お通夜だけ、というお葬式でした。葬式と呼べないかもしれませんが、死の儀礼としての一つの形ですね。ある日、お寺に父親のご遺体を運んでこられて、お通夜をしたいとおっしゃる。それで、お受けしたのですが、その夜は息子さんとも娘さんともずいぶんお話ししました。いいお父さんだったと悲しんでおられた。それが大前提なのです。お葬式って「悲しみ」の中に何か光を見つけていただくことでしょう。そういう時間がなければいけない。明くる日はそのまま霊柩車で火葬場へ。もちろん私もついて行って読経し、お骨拾いもおつき合いしました。

釈 一緒に死の経過を歩むことで、皆が「よい」と実感するお葬式が成り立つのでしょう。「点」ではなく「線」で、死と向き合っておられる。とても大切な姿勢ですね。

大村 一見《いちげん》さんで頼まれたら、映画『お葬式』みたいに、「並で結構です」となる。

釈 牛丼みたいですね（笑）。そうなると、消費活動になってしまう。先ほどのお話のようなお通夜にはなりませんよね。例えば、アカデミー外国語映画賞を受賞した映画『おくりびと』があったでしょう。映画としてはよくできていたと思いますが、観ていて「サービスする側」「サービスを受ける側」にはっきりと分かれてしまっているところは、やはり気になりました。あれがいいお葬式だとは思えない。「死」や「老い」と向き合う場面において、果たして消費者体質でよいのか、それでは何か見えなくなるものがあるんじゃないのか、そこが気になるところです。

死者を弔うための共同体

大村 社会学では、葬式とは何か、死の儀式とは何か？ というと、「コミュニティ全体がかけがえのない一人を失い、それを修復するための追悼のおこないが発展したもの」というのが、一つの考え方としてあります。

釈　なるほど。死者がいるからこそ、コミュニティが続いていくという面があるのですね。誰かを失うことで、コミュニティ全体が揺れたり、再生したりする。よくわかります。つまり「私は、お葬式なんかいらない」などと軽々しく口にする人は、自分とコミュニティのつながりが見えていない人だとも言えそうです。また、どこか「自分は人に迷惑をかけない。かけていない」といった傲慢《ごうまん》さが感じられるような気がします。

大村　自分の子や孫に迷惑をかけたくないとおっしゃる方と共通するところがありますね。

釈　ええ。自分がお世話する覚悟もなければ、お世話される覚悟もない。死者がいるからこそコミュニティが続く、ということではこんな話があります。友人が亡くなったけれど、ご家族が無宗教論者で葬式が一切おこなわれなかった。ところが、友人たちはどうにも気持ちの整理がつかない。で、友人同士が集まって自分たちで葬式をした。理由を尋ねると「理屈では説明できない。どうにもこうにも収まりがつかなかった」と。先生がおっしゃるように、死者が生み出す「つながり」というのは、間違いなくありますね。

大村　蓮如《れんにょ》上人（室町時代中期、本願寺中興の祖とされる第八代宗主）の時代には「講《こう》」がありましたね。惣村《そうそん》における、死者を弔《とむら》うための寄り合いです。死者を弔うためにこそ寄り合っている「宗教共同体」です。そして、その「講」の最小単位が「家族」です。「家族は最小の宗教共同体である」というのが、私の社会学者としての年来の主張です。家族は、死者を弔うために寄り合った小集団なのです。ですから当然、死者をも含んでいます。「講」もその最小単位である「家族」も、生きている人だけではなく、死者を含んでの共同体です。

釈　なるほど。私はお寺の近くで認知症高齢者のためのグループホームを運営しているのですが、お二人の方が亡くなられました。それまでは、ホームを「ちょっとめずらしい家」というふうに思っていたのですが、お二人が亡くなったことによって、ますます「家」という感じがしてきたのです。初めて一人亡くなったときは揺れに揺れました。特に若いスタッフがダメージを受けて、苦労して方向修正したところ、また一人亡くなった。この方は、最期まで寝たきりにならず、わりと健常でいてくださって、亡くなる二時間前に病院に行って息を引き取られたのです。すると遺族の方が「自宅ではなくホームへ運んであげてくれ。もう長いこと暮らしていて、あそこが家だと思っているから」とおっ

しゃるのです。帰ってスタッフたちと話し合ううち、「お通夜もお葬式もここでできないかな、仏間もあるし」ということになりました。ホームでお経をあげていると、そこで暮らしている認知症の方は、普段と変わらず、うろうろなさるのですが、それがまあ何とも言えずリラックスした雰囲気で、よいお通夜とお葬式になりました。「僕は本当にこの家をやってきてよかったなあ」と、そのときつくづく感じました。

大村　それで「家」だとお感じになった。

釈　家というのは「生きている人間だけで暮らしているんじゃない」と思ったんです。亡くなった人も一緒にいるからこそ「家」なんですね。家族が亡くなっても、家にいると、なんとなく一緒にいるような気持ちがしますね。例えば、「在宅で死ぬ」ことを考えましても、生と死を超えた「いのちのつながり」という大きな意味があるように思えるのです。死を迎えるまでの間、家で家族が支えて過ごすわけですが、そこには、亡くなる本人が喜ぶから、という程度の理由だけではない、大きな意味があると思います。

大村　ところが「家」と言うと、日本の家制度はすごく評判が悪いでしょう。戦後、各仏教教団は「家からの解放」「家の宗教から個の宗教へ」と、一斉に方向を転換しましたが、これは失敗でした。「家」と「個人」との間には「家族」というものがあったんですよ。家族の宗教ということをもっと積極的に言うべきだったんです。個人の目覚めではだめなんです。だって、目覚められないんですから。

釈　家の宗教は偽物で、個人の宗教こそが本物であるという風潮が本当に長く続きましたね。でも、家族が同じ宗教で結ばれる、また地域が同じ宗教で結ばれるというのは、とても幸せなことですよね。

大村　それにね、家族の縁といっても、はかないものですよ。一番長い親子でも百年に満たない。はかないと思えば思うほど、いとおしいんですよ。僕は母親が嫌いでした。でも、妻が「今度はもうあかん、危ないわ」と言ったとたん、はかないなあ、と思いました。そしたら、ぱっと親子の断絶が氷解したんです。はかなさに気づくとものすごくいとおしい。来年の桜は一緒に見られない、もう二度と一緒にご飯が食べられないと思ったら、憎らしかったのが、いじらしくなってきた。

釈　普段はいつまでも続くように思っていますけどね。

大村　こんな腐れ縁ってね（笑）。私も嫁と姑の間で苦しみました。いつまで続くのかって。介護をしている方もうんざりされているでしょう。はかないと思うゆとりなどない。

釈　仏教で「無常」と言うと、厭世的な言葉だと思われがちですが、その意味がわかると、人がいとおしくなり……。

大村　そう、あらゆることが、いとおしくなる。「よく見れば薺《なずな》花咲く垣根かな」。芭蕉ですが、ともに生きているという感動があるのです。そういう「気づき」を伝えていくのが、僧侶としての役目だという気がします。

釈　「家族」も、現代人のさかしらな言葉で言えば、「幻想」「虚構」かもしれませんが、それだけ簡単に壊れてしまうものなのです。

大村　幻想共同体なんですよね。

釈　しかし、「幻想だからいらない」ではなく、「皆で大切にし続けねば簡単に壊れてしまう」ということを言っていかなければなりません。「檀家制度」は日本仏教をだめにした諸悪の根源とまで言われてきましたが、ここまで地域とか家族とかが崩れてきた今、それがどれほど可能性を秘めたものだったか……。

大村　だんだんわかってきたんですね。

「ホーム僧侶」の役割

釈　宗教的感性も錆《さ》びてきているように思います。昔だったら、過去帳を見て「あ、この人、三十三回忌にあたる」と、会ったことのない先達《せんだつ》の法事だって勤めたりしていたわけです。今、大阪市内だと三回忌で終わることもあります。僕ね、生きている人間の寿命が長くなるにつれて、死者の寿命は短くなっているって言っているんですよ。

大村　私も若いときは気づきませんでした。月忌参《がっき》り（月命日のお勤め）なんかいらないと思っていた。でも、今は違う。月忌参りほど家の事情がよくわかることはない。例えば、地デジ化のときも「おじいちゃん、このままやったらテレビが映らんようになるよ」っと言うと「ほんまでっか、どうしまんねん？」「電気店に電話したら飛んできまっせ」って。私もデジタルやＩＴは苦手ですが、パソコンのない家なんていくらでもあります。

釈　ＩＴ格差というのは確実に起こっていますね。行政のサービスもどんどんＩＴ化していて、ますますサービスが行き届かなくなっています。

大村　そういうときにはお坊さん！　お坊さんが一番！　僕らは日頃から広い意味で地域の方のケアにきめ細かく当たっているんですよ。

釈　「在宅死」を考えるとき、訪問看護にあたるホームドクターという制度が重要になると考えますが、それに加えて「ホーム僧侶」といいますか、僧侶の役割も大切ですね。

大村　そう。僧侶も医者も昔は常識だったホームサービスを見直すときにきています。僧侶は重要なポジションにいるのです。医者も知らないような家の事情を知っている、そんな僧侶が仲介の労を取って、お医者さんやケアマネージャーと一緒になって、その方の気持ちを聞いて、どういう支援がほしいのか、その必要な支援のために、地域の中でコーディネーターとしての役割を担っていくことができるのではないか、と考えているのです。

釈　こうなると、寺院―檀家制度はなかなかのポテンシャル（潜在力）を持っている、と言えます。

来世を説いてこその宗教

釈　人と地域とをつなぐ可能性を持っている僧侶。さらに言えば、亡くなった人とも結びつける、次世代の人とも結びつけるという役割を担うこともできます。

大村　ほかの人にはできないことですね。

釈　そうです。その意味においては、来世を説いてこその宗教なのです。実は、こんなことがあったんです。ある宗教学会があって、私は真宗の部会に出ていました。真宗の僧侶が何人かいた中に、五十歳前後の剃髪をした、いかにも他宗のお坊さんと思われる方が朝から座っておられたんです。夕方になって、ある若手研究者の発表が終わると、それまで黙って聞いておられたその方が、一気に質問をされ始めました。そして「私は真言宗の僧侶だ」とおっしゃるのです。最近になって息子さんが急死なさったそうなのですが、どうにも気持ちの整理がつかない。そこで、浄土真宗なら教えてくれるだろうと思って、今朝からずっと聞いていたと。しかし、誰一人としてお浄土の話をしない。「それでも浄土真宗か」と言われたのです。合理的に説明のつかないお浄土の話を、近代以降、私たちはあまりしてこなかったかもしれない。

大村　なるほど、近代的なインテリは、お浄土のことを「幻想」と言い、「幻想だけれど悪くはない」などと言うんですよ。「悪くはないとは何事か！」「これしかない！」「これじゃないと死ねません！」と私は言いました。

釈　作家の嵐山光三郎さんとの対談でおっしゃっていましたね。嵐山さんは、どうしても宗教が信じられないと、教養で死と向き合う取り組みをずっとされてきた人です。それで、大村先生と出会って、「これしかない！」と言われたときに、腑《ふ》に落ちたと思うんですよ。頭で考えていた枠組みが崩れた。「お浄土があるのか、ないのか」というレベルに留まっている限り、お浄土は開いてこない。「往くか、往かないかだ」と突きつけられて、今までの枠組みが崩れたんでしょうね。

大村　親鸞聖人のお手紙にあるじゃないですか、「浄土にてかならずかならずまちまゐらせ候ふべし」と。お浄土で必ず必ずまた会えるとおっしゃっている。僕は、これを聞くと涙が出ます。

釈　ちょうど、子どもが「帰る家」「迎えてくれる親」がいてくれるから無力ながらも社会を歩けるのと同じように、お浄土への扉が開いているから生き抜ける、死にきれる。また会える世界があるから、お帰りと言ってもらえる世界があるから、凡人・愚者はしんどい人生を引き受けることができるのに違いありません。

大村 親鸞聖人を思想家ととらえると、論理的な整合性を求めるあまり論理が一人歩きして、庶民感情からかけ離れてしまう。例えば、聖人が「(自分の遺体は)鴨川にうち捨てて魚に与えよ」とおっしゃったから、墓も仏壇もいらないという論理がある。あの言葉は天台宗の「法華懺法《ほっけせんぼう》」という儀式作法にあり、「今まで罪つくりばかりの自分だから、魚のえさにでもなれるものならそうしてくれ」という懺悔《さんげ》法、ないし広い意味での捨身供養《しゃしんくよう》の一種なのです。それを聖人は身につけておられ、思わず口にされたのではないでしょうか。

釈 魚のえさにしろとおっしゃったのに、娘が本人の意志に逆らい、お墓を造って、それで本願寺ができたのだから、そもそも本願寺は本人の意志に反している、などと非難する方もおられます。

大村 それは間違っていると私は思います。そんなね、ご遺体を川に捨てるなんてことはとてもできないですよ! 遺族にしてみれば、そんな気にはとてもなれない。「死んだらゴミになる」なんて、かけがえのない人を失ったときには、絶対に言えないでしょう。

釈　先生が以前、物理学の教授で、娘さんを亡くされた方のお話をなさっていたのを聞いたことがあります。

大村　ええ。一人娘さんが急病で亡くなっていかれるのですが、臨死の床で「私、死んだらどうなるの」と聞かれて、それまで物理学者としては、死んだらゴミになるだけと思っていたけれど、そんなことは娘には言えない。「僕もすぐに行くから、いいところへ行って待っててね」と言った、というのです。で、思わずそう言ったものの、あとあと気になって仕方がない。そのとき、お参りに来てくださっていた真宗の僧侶が、あまり話はなさらなかったそうですが、何冊か本を置いていかれた。その本を読んでいくうちに、だんだん見えてきた。それで「大村さん、お互いお浄土があってよかったですね」とおっしゃった。忘れられない話です。

釈　そもそも宗教というのは、理論だけではなく、心の底からぐっと湧き出すような情念をもベースに成り立っているのでしょうね。

大村　親鸞聖人も論理の人ではなくて、情感的な方ですよ。

釈　聖人のお手紙を読ませていただきますと、非常に情緒的なことを著されています。

大村　評論家の吉本隆明さんが見ておられるような「思想家・親鸞」という一つの見方がありますが、私から見たらやはり「宗教家・親鸞」でないとだめなんです。聖人のお手紙やお歌は、まさに庶民感情を抱きかかえています。宗教家としては当然のことです。「かならずかならずまちまゐらせ候ふべし」というお手紙にしても、必ず必ず、と二つ続けてくださる、それほど強調してくださっている。嵐山光三郎さんは感受性が豊かだから「そんな偉い人から、そこまで言ってもらったら、うれしいよな」とおっしゃる。

釈　たぶん当時の人も、親鸞聖人のような方にこういう言葉を言われたら、すごくリアルに感じたと思われますね。俳優の小沢昭一さんが北陸でインタビューされた中に、お同《どう》行《ぎょう》（同じお念仏の仲間）の声がありました。「死ぬのは怖くないですか?」という小沢さんの問いに「全然怖くない」とお答えになる。「間違いなく会える世界があると、いつもお説教で聞いているから」と。その道をともに歩んでいるからこそ確かに開けてくる世界があって、それこそが生死を超える道なのでしょう。

大村　実在的、物理的にお浄土を考えたところで、絶対にお浄土は開けてきません。

釈　初期仏教の方と対談すると、しばしば彼らは「そもそも仏教は浄土を説かないんですよ」と言い、お墓もいらない、遺体にも執着しないとおっしゃいます。でも、僕は子どもの頃からずっとお同行の中で育っていますので、いくらそう言われてもビクともしない。間違いなくお浄土への道を歩んでいる菩薩のような方たちを見て、その方たちに育てられてきたので「この道は本物だ、間違いない」という自信は動かないんです。

大村　親鸞聖人を思想家としてとらえようとする人には、そういう宗教的な体験や感情をなかなか理解していただけない。とても残念だし、私には不思議でしょうがないのです。

釈　その道をともに歩んでいないから、ではないでしょうか。親鸞聖人という人物を「同行」とか「同朋《どうぼう》」とかということを抜きに考えたり、あるいは浄土で会うということが抜け落ちてしまったりすると、見誤ってしまうことがあると思います。

ともに泣き、また生きていく

釈　先生は、今まさにがんの闘病の最中で、「お浄土でまた会える」「親鸞聖人が待っていてくださっている」というような確信をお持ちです。そういった姿勢をどのように育《はぐく》んでこられたのでしょうか?

大村　そうですね、父のおかげですね。父は五十五歳で、やはりがんで往生したのです。昭和四十年のことで、当時、がんの告知はタブーでした。僕は二十二歳で、先生に「絶対に言うな」と言われたから、結局最後まで言えなかったのですが、父が亡くなる十日ほど前、「私はがんだったのか」と弱々しい声で言ったとき、私は首を横に振ることができず、ただ黙っていて、結局は実情を肯定する結果になりました。先だって私は父を自宅に帰したい、お寺で死なせたいと何度もお願いしたのですが、先生はとりあってくれず、しつこく食い下がる私を、むしろきつく非難したのです。暑い夏でした。クーラーもない。七月から八月のひと月ほど入院していたのですが、その間、雨が一滴も降らなかった。「今日も雨が降らないなあ」と言った父の声が今も耳に残っています。死にゆく人のことを考えていない病院ですから、中庭はあっても、木ひとつ植えていない、汚い砂ぼこりが風で舞い上がるんです。見上げた天井も汚い。そんなところで父を死なせたという痛切な思いが、現在、在宅での「平穏死」が誰でも可能になる、そんな環境づくりに余生を捧げたいと思わせているのです。庭が見えるところにベッドを置いて、夏だと洗濯物が風でひらひらするのが見られるような家屋が理想的ですが……。日本家屋がいいのは、這《は》ってでもトイレに行けるという利点もありますが、それ以上に風景が思い出につながっているからということが大きいと思いますね。

釈　先生が在宅死に取り組んでおられるのは、お父さまの臨終という原体験があるからなんですね。

大村　私が大学を卒業した年の夏に往生したものですから、これから私が手伝って父にしたいことをしてもらえると思っていたのに……と、ものすごく悔いが残りました。でも、「正信偈《しょうしんげ》」さん（浄土真宗の日常勤行）を何度も何度も読んでいたら、はっと気がついた。「遊煩悩林現神通《ゆうぼんのうりんげんじんずう》」とある。浄土に往生し、煩悩の林の中（この世）に還ってこられたんだ。僕一人がために還ってきてくださった。しかも、父は苦労してくれたけれども、仏さまのまなざしに照らされてみれば、実は遊んでくださっていたんだ、と。これで救われたんですね。そこで、私のめちゃくちゃ口惜しい思いや負い目が、パッと開けました。その意味で、父は私にとって菩薩なのです。

釈　金子大栄《かねこだいえい》先生（明治から昭和にかけて活躍した大谷派僧侶）の言葉に「花びらは散る。花は散らない」というのがありますが、まさにその通りですね。散らないで還ってきてくださっているのですね。僕は、やっぱり、来世を説いてこそ宗教だ、とあらためて思いました。

大村　そしてね、やっぱり、本当に悲しまなければいけないと思うのですよ。

釈　真宗の盛んなある地域で、お通夜に唐辛子汁を食べる所があるらしく、それはみんなで泣くためだと思われます。韓国や中国、台湾などでは「泣き女」を雇って、泣きに来てもらう。起源をたどれば、泣いてもよい場を演出していたわけですよね。本当に悲しむことでしか立ち直れないし、悲しむことしか、なす術《すべ》もないわけでしょう。その悲しむ場というか、死に直面した場では、自分らしさなんてものは、何の役にも立たないのです。むしろ、その自分というものを振り捨てて、その悲しみの場にぶち込まれるみたいなことが必要なのではないかと思います。それが、現代は非常にできにくくなっている。

大村　妻や子を失った人たちの悲しみに、励ます言葉がない、と五木寛之さんもおっしゃ

っています。励ますのではなく、ともに泣くしかない。励ますような歌ではなくて、ともに泣ける歌でなければならない、と。悲しくなる歌を一緒に歌うことで、意外にも、また生きていけるということがあるのでしょう。

釈　蓮如上人の『御文章《ごぶんしょう》』（法語のお手紙）にある「白骨章《はっこつしょう》」も、励ます言葉ではなくて、ともに泣く言葉ですよね。

大村　そう。それも耳で聞くのです。繰り返される常套的な表現のよさというものがあります。昔は皆、声に出して読んでいたのです。親鸞さまの時代も、蓮如さまの時代もすべて音読。声に出すように書かれている。声が響いて、心に届いていったのです。

釈　黙読は個人的ですが、音読となると、誰かと共有することができますね。

自分を超える力、誰かのために

大村　東日本大震災の後、プロ野球の楽天イーグルスの球場で、嶋基宏《しまもとひろ》捕手が挨拶をしたでしょう。「誰かのために戦う人間は強い」と。誰かのために努力すると、人は常以上の力が出ます。己自身を目標にしていては、人はかえって生きづらいのかもしれない。誰かのために、そう思っているときが一番張り合いの出るときです。

釈　なでしこジャパンも、大震災の映像を観たり、これまでの女子サッカーの苦難を振り返ったりして、「誰かのために」という思いで二〇一一年のワールドカップの試合に臨んだそうです。

大村　私たちは誰かのために働かないことには、本当の力は出てこないのです。自分のためだけでは気持ちが燃え上がらず、感情が枯渇してしまう。つまり、生きていこうという張り合いがなくなってしまうのです。震災でボランティアに行かれる人がたくさんいます。完全に自己犠牲です。誰かのために、と思ったら、人間はものすごい力が出るのです。だから、オンリーワンではだめなのです。

釈　ちょっと前までは、オリンピックでも、自分のためにやるとか、楽しんできますとか、よく言っていましたね。自分を超える力というのは、自分の都合をモチベーション（動機づけ）にしている限りは生まれてこない。

大村　先の戦争で戦死された方が大勢おられます。私は、戦争は悪だけれど、戦士たちの高潔さは、戦争とは切り離して語られるべきであると思います。つまり、戦後、戦争の悪と彼らの心情とを一緒にとらえたことから、自己を犠牲にして誰かのために尽くすこと自体ばかげている、というふうな日本的個人主義が本流になった。

釈　この前も話題に出ましたが、宗教の領域においても、家の宗教ではなくて、個人の宗教こそが本物だと言われた時代がありました。

大村　旧民法制下の「イエ」と家族を間違えたのです。家族というものがあったのに、血縁や共同体をないがしろにしてしまった。誰かのために犠牲になるという精神を全くなきものにした。今の団塊の世代の方々の不幸というのは、社会のために尽くすという精神を、自らの手でつぶしていったことに始まると思うのです。

釈　反伝統や反宗教が知識人の証《あか》しだといったような体質もありますね。

大村　ええ。そして自由を求めた。でもね、自由ほど厄介なものはないのです。

釈　社会も企業も「ムラ」の理屈で動いていました。どんな人でも生涯面倒を見る、その代わりプライベートはない。その枠が全部外れて自由になると、すべて自分で選択しなければいけない。そしてそれが必ず自己責任となる。自由になればなるほど生きることは厳しい。

大村　何を選んだにせよ、必ずほかの方がよかったかなという後悔の念に陥るのですよ。

釈　現代人は、その苦しみに宙づりにされたまま生きているようなもので、確かにしんどい。

大村　それともう一つ、中身主義に陥ったことも不幸の原因だと考えています。つまり、中身の意味ばかりを重要視して、表現としての型とか所作、儀礼などをあまりにも軽く見てきた。

釈　現代人は、理解できない場所に身を置くというのがたいへん苦手です。だから、儀礼となると、とたんに困ってしまうのですが、生き死にの不可解な場に直面すると、理解を超えた儀礼という定型の行動をとるしかないということが、あらためてわかってくる。

大村　意味はわからないながら、お経を称《とな》える。悲しみや祈りが型となり、共有され、共鳴して、シンフォニーのように響く……。

釈　みんなで共鳴するというのは、根源的な喜びでもありますね。

大村　ええ。それが大きな慰めになるのです。

釈　お葬式のお悔やみでもそうですね。定型の形だからこそ、心に届くことがあります。いや、むしろ、圧倒的な悲しみの前には、定型で語るしかない。

大村　私らしさで紡ぎ出そうとしない方がいいんです。葬式不要論では、儀礼なんて虚飾だなどと言いますが、違いますよ。儀礼しかないんですよ、こういう悲しみをともにする場というのは。東北では、多くの僧侶がボランティアで動いてくださっていますね。無償でやってくださるお坊さんには素直に感謝してくださるようです。仏教が育んだ儀式はすごい力を持っていると思います。悲しみに打たれて、何かせざるを得ない。もう祈るしかないんですもの。

釈　「また会える世界がある」という実感によって、身も心も打ち震える現象は、何万年も変わっていないんじゃないかと思うのです。人間の宗教性の琴線《きんせん》にふれて、本当に悲しめるし、明日また生きていこうと思える。そんな情緒面を切り捨てない日本仏教のよさみたいなところを大切にしなければ、と思いますね。

大村　小説家の村上春樹さんも、はかなさをいとおしむ、それこそが日本文化だとおっしゃっていましたね。西洋の人には、文化としては弱々しいと思われるだろうけれども、それこそが日本文化の精髄なんだと。それをもっと世界に発信してこなければいけなかったとおっしゃっています。

釈　また、日本仏教は、ただただ「はかなさ」や「無常」を説くだけではない。「はかない」からこそ「いとおしい」と変換していく。ここに日本仏教の特性がある。「はかない」から「捨ててしまえ」とあっさり語ってしまうのではなく、「はかない」からこそ「つながろう」と。

大村　「縁」のはかなさを痛切に感じて、だからこそ大切にしようと思うのでしょう。そして、日本仏教が全体として培《つちか》ってきた「鎮めの文化」の方向へと舵《かじ》取りを転換していきつつあるようにも思えます。

釈　ああ、なるほど。現代社会は、人びとの欲望をかきたてて今まで進んできたけれど、それだけじゃ立ち行かない。むしろ、それぞれが自分の都合を小さくしてやっていこう、というふうな流れはありますね。少々不便になっても、それはそれでよいのではないか、といった感覚が生まれてきています。

大村　永六輔さんが臓器移植に反対するとき、わかりやすくこんなふうにおっしゃいましたよ。「文明」は科学技術であって、可能なことは何でもする。それを進歩と言う。対して「文化」はできるけれどもしてはならない、とブレーキをかけるものだ、と。昔から習俗として培ってきた中に、「畏《おそ》れ」の感覚がありますが、そういった伝統的価値を見直すときでもあるでしょうね。

大村英昭
（おおむら・えいしょう）

1942年大阪府生まれ、2015年往生。兵庫県宝塚市・圓龍寺前住職。筑紫女学園大学長、同大学名誉教授、大阪大学名誉教授、相愛大学特任教授。専門は臨床社会学、宗教社会学。著書に『日本人の心の習慣—鎮めの文化論』（ＮＨＫライブラリー）など。80年代に起きたグリコ・森永事件を「劇場犯罪」と呼ぶなど、社会問題についても積極的に発言した。

第二章

負けそうになるとき

井上雄彦さん
【漫画家】

玉岡かおるさん
【小説家】

みうらじゅんさん
【イラストレーター】

いいんだ
俺で
いいんだ

Takehiko Inoue

井上雄彦さん

【漫画家】

親鸞さまを生きたいのち

釈　親鸞聖人七百五十回大遠忌《だいおんき》の年（二〇一一年）、東本願寺の御遠忌《ごえんき》では、井上雄彦さんが屛風に親鸞聖人の絵を描かれて話題になりました。六曲一双の作品です。今回はミニチュアを横に置いてお話をうかがっていきたいと思います。井上さんは『バガボンド』という作品を筆で描いておられますが、東本願寺さんから依頼があったのは、その漫画をご覧になって、ということでしょうか。

井上　そうですね。筆で描いていなかったら、漫画家の僕が屛風の絵を頼まれることはなかったと思います。

釈　たしか熊本大学に行っておられましたが、絵の勉強は？

井上　ほとんどやったことがないですね。芸大に行きたいと思って、高校三年生の夏休みに一カ月ほど芸大受験の予備校へ行ったのですが、その程度です。

釈　でも、芸術系には行かずに。

井上　ええ、文学部に。高校時代はバスケットボールばかりしていました。高三になって進路を考えたとき、やっぱり俺は絵だ、と思ったんです。絵を描くことは好きだったし、クラスのみんなよりはうまいと思っていました。

釈　で、大学在学中にデビューされました。

井上　漫画を描くようになったのは大学へ入ってからで、デビューしたのは中退後です。高校時代、先生に「漫画家になります」と自信満々に言っていましたが、描いたこともなかったです（笑）。

釈　東本願寺へは毎日二千人くらいの若者たちが訪れたということです。西本願寺へも間違って来られた人が多かったようです（笑）。親鸞聖人の絵を描くというのは、難しかったのではないですか？

井上　難し過ぎました。自分の手に負えない仕事だったと思います。

釈　東本願寺の御遠忌のテーマが「今、いのちがあなたを生きている」というものでしたが、この言葉も気に入られていたそうですね。

井上　気に入った、というよりも、救われた、という感じですね。その言葉を見た瞬間に「ああ、そういうことだよな」と、自分の中に入ってきました。

釈　救われた、というのは、何か扉が開いたような？

井上　ええ。自分が親鸞聖人の絵を描けるのか、描いていいのか、と苦しかったんです。なかなか一歩が踏み出せないでいました。本当に真っ白な画面を前にして、ああでもない、こうでもない、とずーっと考えたりしていました。本当に自分でいいのか、と思っていたときに「いのちがあなたを生きている」と言われて、いのちそのものは普遍のもので、かつて親鸞さんを生きたいのちが、僕のいのちとして宿っている、同じいのちが生きているのだと思ったのです。親鸞さんだったいのち、そのいのちそのものが自分を生きていたりもするんだな、と思ったときに、「あ、描いていいんだよな」と。それまでは何か、ある高みに自分が到達しないと描けないと思ったりもしたのですが、いや、自分がやれるのは今ここなんだと。描いている間もやっぱり苦しいんです。負けそうになるときにその言葉に救われました。何回も何回も。「いいんだ、俺でいいんだ」と。そういうことがありました。

釈　たまたま絵を描き上げた次の日に、東日本大震災が起きたのでしたね。それで、井上さんは作品について、口をつぐまれたというか、語るのをやめられたと聞きました。

井上　設定のことですね。僕は漫画家なので、屛風絵を描くにしても、漫画という足場に立って描いていたので、描く人物の一人ひとりにストーリーを設定していたのです。群衆を描いていますが、この悲しい顔の人や、険《けわ》しい顔の人の一人ひとりに人生やストーリーを設定して描いていました。

釈　キャラクター設定ということですね。

井上　そうです。当時を生きる架空の人物として設定していて、その一人ひとりが現代にも転生しているというような。そして、いつか漫画のように屏風を見て想像をふくらませてもらえるように、ストーリーを発表していこうと考えていたのです。

釈　そこに大震災が起こった。

井上　それぞれの人が、人生の泥の河みたいなところを歩いている、と考えて描いていましたが、架空のストーリーに当てはめるまでもなく、現実に泥の河を歩いているような状況になってしまった。想像の手助けが必要なくなったのです。もう、発表するまでも

真宗大谷派（東本願寺）の依頼によって描かれた屏風絵「親鸞」（レプリカ）。

なくなりました。

釈　屏風の絵は、一方は泥の河を歩く人々。もう一方は、ずいぶん穏やかですね。

井上　泥の河を渡る先頭を歩いているのは、実は親鸞さんです。そして、穏やかな人物も親鸞さんです。先頭を歩いていくときにも、こういう穏やかな親鸞さんが、同時に存在するのではないかと考えたのです。どんな状況であれ、どこか心の中とか頭の中とかで、少し立つ位置や見る位置を変えるだけで、ぽかーんとした何ものにもとらわれない平和で落ちついた瞬間というものがあるんじゃないかと。

釈　両方、同じ瞬間だということですか？

井上　同時に存在し得るというつもりで描きました。ところで僕、ものすごく説明していますね。こんなに説明してどうする？　というくらい（笑）。

釈　感じとっていただきたい、という思いもおありでしょうが、今は対談ですので、ぜひとも大いに語ってください（笑）。ところで、震災後、屏風の絵に加筆されましたね。それはどういう事情があったのですか？

井上　東本願寺さんは、震災後一年たったときに、東北のどこかで巡回展をやりたいということをおっしゃっていました。屏風を持って行って、僕に何ができるのかをずっと考えていたのですが、結局、絵にもっと手を入れることだと行き着きました。あの絵にもっと手を入れたいと、それが自分の一番やりたいことだったんです。描き終わったときには完全に自分の手を離れた感じで、東本願寺さんに飾られたところを見ても、お嫁に行ったような気がして、自分のものじゃないような感じだったんですが、東北に持っていくとなったときに、また自分に出番が回ってきたように思えました。

釈　ほお。筆を入れられたのはどの部分なのでしょう？

井上　ぽかーんとした絵の方はそのままです。泥の河に、もっともっと墨を入れていくという方向で、陰影を濃くしていきました。河も、もっと河だとわかるように、水面に映り込む様子も描きました。

釈　群衆の顔も変化しましたが、とにかく親鸞聖人のお顔がものすごく〝ええ顔〟になった感じがしました。

井上　漫画でもそういうことはありますが、描き手が絵の中の人物を、自分の中に落とし込むための時間がかかるというのはあると思います。偉い方を描いているという遠慮とか、僕が描いていいのかという思いは乗り越えて描いたはずですが、自分の中に構えや硬さが、まだあったのかもしれません。加筆を終えて、親鸞さんの顔に深さと柔らかさが増したのを感じました。

釈　東北で描いたことも影響していますか?

井上　大船渡のお寺で描いたのですが、ちょっと行くと津波の被害があったところで、そういう所を歩いて、その足でお寺で描いたので、何かしら影響はあったと思います。陰影の濃さにも表れているのかもしれません。

釈　泥の河の先頭を行く方の親鸞聖人のお顔が、何とも言えない親鸞さまらしいお顔になったという感じが、私はすごくしました。

井上　何かいのちを持った絵になったように思います。

釈　ところで、この屏風に描かれた親鸞聖人の手は、ずいぶんと大きい印象があります。

井上　手を描くのが好きなんです。手の表情はまだまだですけれど、描きたいなあという気持ちがあるんです。釈さんがおっしゃったように、確かに、親鸞さんの手、大きいですね（笑）。

まじりっけのない笑顔を描く

釈　手もさることながら、井上作品の魅力は何といっても顔です。井上さんは、笑顔の絵「スマイル」をネット上で公開されていますね。その笑顔のイラストをTシャツなどのグッズにして販売し、収益を東日本大震災の復興支援に役立てられていますが、「スマイル」は、震災後から描き始められた？

井上　あれは、その前年の十二月から描いていていました。漫画の連載が行き詰まって、自分自身がちょっと難しい時期だったと思います。そんなとき、タブレット端末をもらったんです。これで絵が描けるんだということがわかって、遊んでいるうちに、その中から生まれてきたのが、あの笑顔のイラスト「スマイル」だったんです。

釈　それをツイッター上で公開された。

井上　自分自身が落ち込んでいて、そんなときに、ふっと全然知らない子どもが笑っている顔を見るだけで、苦しい状況からちょっと抜け出せるということがありました。笑うことで、それまでと全く関係のない状態になれるんだということを経験したんです。自分が苦しんでいる、苦しいと思っている、その苦しみの大部分は、その苦しみの中にどっぷりと浸《つ》かっていて、自分が苦しいと思っているから余計苦しいと思うんだ、と。そういうことに気づいた経験がありました。

釈　苦しみに支配されている自分の姿が、俯瞰《ふかん》できたのですね。

井上　笑いというのは、そのきっかけになるんですよね。

釈　確かに「笑い」というのは、凝り固まって凝縮したものを拡散させるメカニズムを持っているようです。

井上　僕の苦しさなんて、たいしたことではないのですが、苦しいとかうまくいかないとか思っている人たちが、ツイッターで笑顔の絵を見ることがあったら、僕がそうだったように、ふっとそこから抜け出して自分を眺めてみることができる、そんなきっかけになるんじゃないか。一人でもそういう人がいたらいいなあ、という軽い気持ちで始めました。

釈　僕の周りにも「スマイル」を携帯の待ち受け画面にしている人がいます。「スマイル」には老若男女、さまざまな顔を描いておられますが、子どもと高齢者が多いですね。

井上　そうですね、多いですね。なぜでしょうね？　描きたいまま描いていたら、そうなったんです。老人ばっかり、子どもばっかりになって、あるとき、震災後ですが、今、最前線で頑張っている青年とか、そういう年代の人を描いてください、という意見をいただきました。そういえばそうだな、と思ったのですが、なかなかうまく描けないんです。漫画ではその年代ばかり描いているのですが。

釈　興味深いお話です。笑顔を描くとなると、子どもと老人になるのでしょうか？

井上　素の笑顔というか、屈託のない笑顔というものを描こうとしたら、子どもとか老人とかに自然となっちゃうんですよね。まさに社会の真ん中にいる年代の人たちって、なかなか素の笑顔を描きにくい。

釈　素の笑顔ですか、なるほど。しかし、そうなると、街を歩いていても人の笑顔が気になってしまうでしょう？

井上　そうです。もともとすれちがう人の顔などをよく見てしまうのですが、ものすごいしかめっ面で歩いている人が結構多いんですね。そういう人が笑うとどういう顔になるのだろうかと想像して、すぐにコーヒーショップに飛び込んで、絵を描いてみたり、そんなこともします。

釈　それはまた、おかしな趣味ですねえ（笑）。そうそう、子どもと高齢者といえば思い出しました。大震災によって、二百名くらいが孤立して、何日間も生き抜いた人たちがいるんです。そのリーダー役を果たした人にお話を聞いたのです。救援が来るまで、わずかな水と食べ物を分け合いながら生きる極限状態。時にはみんなのイライラが頂点に達する場合もある。何回も危機があったそうです。でも、その危機を逃れることができたのは、老人と子どもがいたからだと言っていました。焦燥感と怒りが募ってきて爆発寸前になってきたときに、高齢者の方が「まぁ、こんなこともあるわなぁ」「なんとかなるだろう」とか言ったりして、なんだか場がずっこける。子どもが走り回って笑ったりすると、緊張が解けたりする。そこには近所の幼稚園と高齢者施設の人たちが一緒に避難していたんですね。おかげで助かったと言っておられました。

井上 それはわかるような気がしますね。今のお話を聞いていて、だから、老人と子どものスマイルが多かったのかと思いました。

釈 全身で笑っている姿とか、シワだらけで笑っている顔ってなかなかいいものですね。

井上 そうですね、そこに作為がない。自然にできたシワって、嘘がつけないですよね。赤ちゃんや老人は、自然にまじりっけのない笑顔ができる。そういう、構えのない笑顔を描きたい。けれど、世間の真っただ中にいる人の笑顔を描こうとすると、描く側にも作為が入るような気がします。その作業をするのは気持ちが悪いし、そんな笑顔の絵を見て、たぶん自分が一番気持ち悪いと感じるから、だから描けないんだと思います。

我執を描く、仏の顔を描く

釈　ところで、井上さんの作品『バガボンド』は、だんだん枯れていく物語のように思います。

井上　それはやはり自分が漫画を描いている年齢と関係があるんじゃないかと思います。

釈　剣の道を描く『バガボンド』は、吉川英治の歴史小説『宮本武蔵』が原作ですね。ちなみに漫画に描かれている重要人物の家のお仏壇は、浄土真宗のスタイルです。

井上　へえ。何も知らずに描いていました。

釈　典型的な真宗のお仏壇なのですが、ご本尊は浄土宗のものなんです。

井上　ああ！　しまった（笑）。いろんな仏壇の資料を見てアレンジして描きましたから。

釈　その漫画の中に「則天《そくてん》」という概念が出てきますね。すべての生命はつながっていて、その生命は大きな自然の法則に沿っているというような。あれはそもそも原作の中にあったのですか？

井上　それは原作の中にも流れているだろうし、また自分の中にも流れているような感覚ですね。年齢とともに気づかされたことだったりもします。仏教の本を読んでみると、日頃、自分がいいなあと抱いていた考えと符合することがあって、ああ、これは仏教から来ていたのかと思うことがありますね。

釈　なるほど。われわれ仏教徒にとっては、すべてのいのちがつながっているという生命観はしっくりきますね。

井上　多くの日本人が持っているものかもしれないですね。

釈　講義で、「あらゆる物は関係し合って成立しているということが、仏教のベースにある」などと学生たちに説明していると、皆「何を当たり前の話をしているんだ」という顔をします。そこで、「君たちは当たり前だと思っているけれど、世界の人口の半分はキリスト教徒やイスラム教徒で、彼らはそんなふうには考えていない。絶対なる神の意思があると考えている」という話をします。

井上　確かにそうですよね。読者からも「またそれやってるの」「当たり前のことだろう」といった感想や意見が寄せられます。

釈　それが当たり前ではない、というところに気づいていただけると、読者はもっと楽しめるに違いありません。また、主人公の宮本武蔵の我執《がしゅう》が小さくなったり大きくなったり

するシーンがありますが、あのあたりはわれわれ浄土真宗の教えを受けている者にとっては、ものすごく興味があります。

井上　「我執」という言葉は仏教用語なんですか？

釈　仏教の重要な用語ですね。

井上　それすら知らなかった（笑）。漫画なので、抽象的な概念も絵にしなければならないのです。我執なんて決まった形がないじゃないですか。だから自分の筆が思うままに好きに描いていても、それでいい。荒ぶった我執は、荒ぶった気持ちでガーッと描いていると、その世界に浸《ひた》ることができます。描いていて決まりも義務もないから楽しいのです。

釈　おもしろいですねえ。読んでいると、武

蔵の我執が収まったり、また湧き上がったりするでしょう。仏教では、「我執を小さくすると、苦しみや悩みが小さくなる」として、心と体を調《ととの》えるトレーニングを続けて、我執を小さくするというのが基本です。しかし、浄土真宗は普通に社会生活を営む凡人のための仏道です。我執はこんこんと湧き上がってくるもので、底に穴のあいた舟のように水をかき出すことがいつまでたっても止められない、というところに立っているのです。あの武蔵の我執の動きが、我々にはぴったり感じられます。

井上　浄土真宗では、我執そのものは否定されていないのですか？

釈　そうですね。仏教は基本的に我執をなくくす方向に歩む宗教ですが、お釈迦さまみたいな宗教的天才ならば可能だけれど、大部分の人はその道には行けない、というところから始まっています。そして、我執が汲めども尽きない人が落ち着く先は、受容原理なのです。

井上　受け入れられるということですね。

釈　最後は何かにそのまま受け入れられて包まれる。我執そのものも受け入れられる。

井上　確かに、その原理で描いていますね。

釈　「ただいま」「お帰り」というやりとりが受容原理の原型なんです。そういう場面がありましたでしょう。『バガボンド』には浄土仏教が流れています。それに対して『スラムダンク』はキリスト教的プロテスタンティズムです。基本的に少年漫画はその方向で描かれています。素人が努力して勝利を得るという流れです。次の週も読んでもらうためには読者を煽《あお》っていかなければならないから、そうなるのでしょう。逆に鎮める方向の漫画はなかなか出なかった。いつか本格的な連載漫画で登場するのではないかと思っていたら、『バガボンド』が出た。時代の要請もあるでしょうね。高度成長期だとこれほど読まれなかったかもしれません。

井上　そうでしょうね。

釈　また、『バガボンド』には仏像の絵も描かれていますね。子どもを亡くして仏さまを彫る場面があり、その仏さまの顔がすごく穏やかで……。しかも、穏やかな中にも悲しみがあるような、そんなお顔の仏像でした。

井上　特に繊細な感情を描く場面で、仏さま自身のお顔とともに、彫った人の悲しみも自然に表れているというところを描かなければならないと思いました。

釈　ううむ。井上さんの奥底には、何とも言えない宗教的な感性が流れているようです。

井上　僕は、小学校三年生のときに両親が離婚して、母親の実家である鹿児島の神道の家で育ちました。神道の以前は浄土真宗だと聞いていますが、祖父も祖母もまずは神さま、というのが日常でした。

釈　そうでしたか。鹿児島は神道が熱心な地域ですからね。その一方で、厳しく禁止されながらも念仏の教えが途絶えなかったほど篤信《とくしん》の地でもあります。祖父や祖母とともに暮らした生活が、井上さんの生命観の原風景かもしれません。宗教性豊かな暮らしの中で育ったことが、作品につながっているという自覚はありますか?

井上　根っこには絶対にあると思います。漫画の風景を描くとき、よりどころとなるのは幼い頃の田舎の風景だったりします。

釈　やはり。そうでなければ、あの仏さまのお顔は描けないに違いありません（笑）。

井上雄彦
（いのうえ・たけひこ）

1967年鹿児島県生まれ。1990年『スラムダンク』で一躍人気漫画家に。現在『バガボンド』『リアル』を連載中。2011年、東本願寺に親鸞聖人の屏風絵を描く。屏風絵の親鸞グッズ収益金を東日本大震災の被災者支援に役立てている。

幾星霜の時の長さが心を伸ばす

Kaoru Tamaoka

玉岡かおるさん【小説家】

お寺に来たらほっとするわけ

釈　玉岡さんは、ラジオ番組で寺社を巡ったり、日本各地の聖地を巡礼されて旅のエッセーを書いておられます。

玉岡　今さっき歩いてきた本願寺さんの縁側のように、風雨にさらされて幾星霜《いくせいそう》を経て、年輪が浮いて自然と一体になっているような木の佇《たたず》まいが、まさに日本の文化だという思いがします。私は「幾星霜」という言葉が好きなのですが、霜と星で時間の長さを計るなんて、素晴らしい感覚だと思いませんか？　お寺に行くと、人間よりも長い時間の流れがそこに刻まれているということに圧倒されるのかもしれません。それに私は物書きですから、そのお寺や仏像が造られたときにはどんな人が生きていたのかなと想像するのです。

釈　お隣の東本願寺は火事で焼けているのですが、再建のときに柱を引っぱる強い綱が必要になって。そこで、女の人が自分の髪を切って寄進して、髪と麻とで綱を作ったのが何本も残っています。ちょっと迫力があるので、機会があればご覧になってみるとよいですね。

玉岡　きっと髪を差し出された女性というのは、私と変わらない普通の女性だったと思います。その人たちが何を願って髪を切り、綱をより合わせたのかと想像すると、すごくいとおしく思えるのです。民衆が自分たちの心の安寧を求めてお布施《ふせ》をするという、そういうところに心を動かされますね。

釈　連綿としたつながりの中に身を置く心地よさというのを、感じられるのでしょうね。

玉岡　そうなんです。芥川龍之介の「鼻」という短編にもありますが、人間って自分一人じゃないと思うと、どこか安心するところがありますでしょう。私なんて日々ばたばたしているだけなんですけれども、そういうときにふっとお寺の中で、女性が刺繍をした曼荼《まんだ》羅《ら》などを見ると「この人たちが願っていた幸せというのは何だったんだろう？」と思うのです。たとえ当時、身分が高い人であっても、どんなに昔の人であっても、子どもがほしいとか、愛がほしいとか、今悩んでいる現代女性と同じじゃないのかと思えるのです。それで、悩んでいるのは私一人じゃないんだ、人間ってみんな同じことを繰り返すんだと思うと、ほっとするわけです。お寺に来てほっとするのは、そこに生きてきた人の息吹みたいなものが感じられるからだと思うのです。普段は言葉で考えるのに、お寺は言葉ではなく、直にわからせてくれる、そういう空間かなという気がしているんです。

釈　なるほど。

玉岡　ところで、釈さんに聞きたいことがあるのです。それは、教育についてです。兵庫県の教育委員を引き受けたのですが、ぜひとも子どもたちの教育の中に、宗教教育を取り入れる必要があると考えています。ですが、これがなかなか難しいのです。

釈　世界の公教育ではだいたい宗教教育はありますし、公教育で宗教性を育むということはできないわけではありません。そういえば、昔は遠足や修学旅行で、寺社仏閣を訪れたものですが、今はそうではないみたいですね。子どものときにはピンとこなくても、大人になってよかったなと思えるものですが。

玉岡　お寺の空気を体感してもらいたいですね。あるいは、学校へお坊さんに来てもらうということも考えられますね。

釈　お豆腐屋さんとか植木屋さんとかに話を聞いたりする地域学習の一環として、僕も近所の学校へ出向くことがありますよ。

玉岡　それはいいですね。兵庫県では子どもたちが地域に出て職場体験する取り組みがあります。

釈　宗派に限らず、お寺は子どもたちを受け入れるプログラムやノウハウを持っているはずです。小学生も中学生も一緒になって行動する場合などは、中学生が小学生のお世話をしたりしています。

玉岡　なるほど。「教育基本法」を何度も読んでみたのですが、宗教教育をしてはいけないなどと、どこにも書いていないのです。むしろ「宗教に寛容でなければいけない」とおおらかなことが書いてあるのに、いつのまにか縮小解釈になっているのです。兵庫県にはイスラム教の教会もジャイナ教の教会もあって、給食も大変です。紅茶がだめとか、豚肉が食べられないとか、そういう人を差別することが起こってきます。

釈　これからますます日本で暮らすムスリム（イスラム教徒）が増えることになるでしょう。その人たちの信仰をきちんと尊重できる知識が必要な時期にきていますね。

玉岡　それに、いじめ、自殺、体罰などという問題を考えたとき、いのちを軽んじていることが根本的な問題なのではないかと思うのです。いのちの大切さを説く、仏教を教えるのは難しいですか？

釈　仏教の教えを説くことは簡単ではないと思います。仏教は心と体を調《ととの》えるという方向性を持っていますが、子どもたちは成長の真っただ中ですから、調える方向とはちょっと異なる要素があります。ただ、仏教系の学校でおこなっている授業の中には、参考になる

プログラムがあると思いますよ、あの手この手で子どもたちに仏教の心を伝えようとしていますから。例えば、浄土真宗系の学校で、助産師さんに来てもらっている取り組みがあると聞きました。出産に関するリアルな話を聞くことで、自分がどれほど望まれて生まれてきたかを実感できるみたいです。そういう教育によって、子どもたちの内面はぐーんと引き伸ばされるのです。

玉岡　先ほどの、中学生が小学生を教えるというのも、地域の大人の中で一緒に仕事をするというのも、子どもたちの心を伸ばすことになりますね。

釈　学校は同世代が同じ空間に閉じ込められている場ですから、内部圧力が高くなると具合が悪くなります。そういう場では、心がぎゅーっと縮こまっている、それをどうやって引き伸ばすかが大切なのではないでしょうか。

玉岡　私がお寺に行って、その幾星霜の時間の長さに心が伸ばされるように、子どもたちにも心が伸びることを体感してもらいたいと思います。

見えない力を知っている人

釈　玉岡さんはご結婚されたとき、お姑さんから、お仏壇を大事にするように躾《しつ》けられたそうですね。

玉岡　ええ。嫁修業をさせられました（笑）。とても逆らえませんよね。心の中では反発しているけれど、はい、はい、とうなずきながら教わりました。お盆などはお供えの決まり事も多くて、覚えるまで大変でした。

釈　浄土真宗では、それほどお盆の決まりなどが厳密ではないのですけれどもね。

玉岡　えっ、そうなんですか？

釈　お盆のとらえ方が独特なのです。先に往かれた方をご縁として無常を見つめ、仏法と出遇う日だと受けとめます。ただ地域によってさまざまな習俗はありますが。

玉岡　そうなんですね。ご先祖が帰ってきているからと、家から一歩も出してもらえなかったのですよ。お盆休みは家族で旅行に出かけようと計画していたのに「そんなご無体な！」と思いました。「じゃあ、お義母《かあ》さんが一人で家にいたら、いいんじゃないの？」と思うのですが、「私はもう、いつどうなるかわからない身だから、あなただけが頼り」と上手におっしゃるんです。だから、お盆には絶対に旅行に行けないんです。おまけに、ご近所じゅうが見張ってくださっているので……。

釈　地域コミュニティが豊かなんですね（笑）。

玉岡　怒られながら細かく教えていただきました。雛《ひな》飾りのようなお供えを用意するのですが、冷蔵庫にあるもので適当に間に合わせようとしたら、新しい物で作らないといけないと怒られました。しかも一つひとつに意味がある。でも、今になって思えば、本当によい教育者だったと思うんです。「いつどうなるかわからない」と言っていた義母《はは》ですが、その後、アルツハイマー型の認知症になり、あんなにきっちりしていたのに、どんどん忘れていってしまうんです。だから今は「この文化を受け継いでいくのは私しかいない」と責任感が出てきました。それでも、自分の生活に合わせてしまうところはありますが、なんとか守っているつもりです。

釈　なるほど、宗教文化の継承として自覚的におこなっておられるのですね。

玉岡　そうですね。教えをすべて守ったら、とてもじゃないけれど身動きがとれない。家の伝統を守っていきたいけれど、自分の仕事もしているわけなので、勝手だとは思いますが、持続可能な限界のところで引き継いでいるという感じです。でも、そこまで変えるわけにはいかない、ここは最低限守らなければ、という自分なりの線引きはあります。

釈　線引きとおっしゃいましたが、リミッターを設定するという態度は大切だと思います。そして宗教文化は、私たちの日常生活におけるリミッターとなるのではないでしょうか。人間はリミッターが設定されていないと、どんどん欲望が肥大してしまいます。それは結果的に自分の苦悩を増大させてしまう。

玉岡　自分勝手になってしまうのを思い止まらせてくれるのが、リミッターですね。私の場合は、お義母さんからの厳しい教えが、リミッターになっているわけですね。

釈　玉岡さんが書かれた物語にも、そのようなお話が出てきますね。

玉岡　『お家さん』（新潮社）などもそうですね。明治から昭和の初め、神戸にあった商社を切り盛りしていた実在の女主人のお話ですが、信仰心が深くて廃寺を復興したりした人で、そういう人が社長だから、社員たちも心の中で悪魔がささやいても「いやいや、こんなことをしたら地獄に堕《お》ちる」と思ったり、海外に進出しても荒稼ぎしなかったり、お金があっても享楽に走ったりしない。自分は一生懸命に頑張るけれども、最後は仏さまということを知っている、決して傲慢ではない人物です。私が魅力を感じて書こうと思う人物は全部そういう、見えない力を知っている人ですね。

釈　リミッターを設定する装置として、宗教文化は重要でしょう。例えば、お仏壇も生活や心にリミッターを設定してくれますでしょう?

玉岡　その通りです。結婚して十七、八年で世代交代して、お仏壇や仏事をまかされて、つい今のライフスタイルに合わせてしまうけれど、ある程度の制限がかかっているわけですから。制限がきかないと言えば、教育の現場では「モンスターペアレント」という、自己中心的で理不尽な要求ばかりする親が問題になっています。

釈　多くの人が消費者体質になっています。かつては消費者である前に、生活するための知恵を身につける生活者でした。消費者は等価交換が当然と思っています。コンビニエンスストアでは、大人が買い物をしても子どもが買い物をしても、同じ言葉で同じ笑顔で対応する。でも、昔の駄菓子屋は違いますよね。例えば、千円札を持って子どもがお菓子を買いにいったら「どうしてこんな大っきなお金を持ってるの？」って、おばちゃんが聞いてくるような対応がありました。単なる等価交換だけではない部分があったんです。消費者サービスのシステムは、等価であればよくて、人格は何の関係もない。なおかつ、価格と同じだけのサービスじゃないと感じたらクレームをつける。クレームをつけたらサービスの質が上がると勘違いしている。このモデルを見直すところから始めないといけない。

玉岡　ええ、思い当たることがあります。夏休みにグリーン車に乗っていると、子どもがはしゃいでいても誰も文句を言わない。それは、この子は一席分、大人と同じだけの金額を支払っていると思われているから。だったら普通の電車では子ども料金しか払っていないから、よその子であっても、もっと怒ってもいいかなと思ったりします。

釈　さらに、等価交換に加えて、自我肥大を起こしている。この組み合わせは具合が悪いです。モンスターペアレントは、この組み合わせではないかと思います。つまり、自分というものがどんどん肥大しているから、ちょっと傷ついただけで、何倍にも自分が大きくなっている分、ものすごく大きなダメージを受けたと感じて、相手を何倍も傷つけないと等価にならなくなってしまっている。そんなときに歯止めのきかない暴力が起こります。

玉岡　そんなとき、宗教に出遇っていれば、自分の小さいことがわかるのに。

釈　特に浄土真宗では、日常を誠心誠意生きるとか、誠実に仕事をするとか、いかに日常を生きていくかという仏道を説いてきました。

玉岡　近江《おうみ》商人の考え方とも、深く関わっていますよね。

釈　ええ。宗教は人間には必要だと思います。人間以外の生き物は、自然環境と完全にフィットして生きているので、心の動きにも体の動きにも無駄がないのですが、人間というものは自然からはみ出す領域がありますので、科学が生まれ、アートが生まれ、芸能が生まれ、そして宗教が生まれるのです。そもそも過剰な部分ですから、自然をつぶすこともやってしまう。自分たちでコントロールできないような原発という存在だって造る。過剰な部分をコントロールできるかどうかが、人類のテーマなのです。だから、人類は宗教の機能を重視しなければなりません。

教育の現場に宗教の揺さぶりを

釈　兵庫県の教育委員もなさっていますが、ご自身も教師の経験がおありだそうですね。

玉岡　結婚する前の二年間だけですが、中学生を受け持っていました。でも、私は失格者なのです。

釈　と言いますと？

玉岡　大学を出てすぐ教師になったものの、相手は中学生たちですから、七つしか年が離れていないのです。お姉さんというか、年上のお友だちみたいな感覚で、子どもたちに接していました。ある日、私の家に何人かの生徒が遊びに来てくれたのです。一緒におしゃべりをしたり、ゲームをしたり、お菓子を食べたりして、とても楽しくて、私も喜んでいたのですが、翌日、そのうちの一人が自殺をしたのです。

釈　えっ。それは……。

玉岡　私は全く気づきませんでした。校長先生や教育委員の人から「何もわからなかったのか?」と聞かれましたが、本当に何もわからなかったのです。私は教師の器《うつわ》じゃないと思いました。いのちを救うどころか、身近にいた子どもが何かSOSを発していたかもしれないことにも気づけなかったのですから。もう教師はやっていけないと思って、辞めました。辞めて家にいたら、嫁に行けと言われて、お見合いをして結婚したわけです。

釈　そうだったのですね。玉岡さんの作品を読んでいると、たくましい庶民がリアルに描かれていますが、人の痛みがわからないと、ああいった作品は描けないと思っていました。

玉岡　ありがとうございます。でも、生徒が自殺することに気づけなかった人間が教育委員になっていいのだろうかとずいぶん悩みました。それでも依頼してきてくださったのは、失敗したからこそわかることもあるだろうという理由でした。そう言っていただいたのでお受けすることにしたのです。ところで、釈さん。今、釈さんのような若い僧侶の方がいろいろ活躍なさっていますね。

釈　僕などは一般的には若いなどと到底言えない年齢ですが、仏教界ではまだ若手です(笑)。もっと若い二十代、三十代のお坊さんたちが、宗派を超えてつながり始めています。それに町家やカフェに集まってお話をする会を開催されていることにも可能性を感じています。お寺の原点のような気がするからです。

玉岡　そうですね。親鸞聖人もお寺から出て、民衆の中に入っていかれて、人びとの苦しみに近いところにおられたわけですよね。そういう意味では、現代人のストレスを理解していただける僧侶の方がそばにいてくださるといいなあ、と思います。気軽にお茶を飲みながら悩みを聞いてもらえると、うつの人などは癒されるのではないでしょうか？

釈　お坊さんは傾聴に取り組むことはできると思いますけれど、治療ができるわけではありません。罹患《りかん》者に対して生兵法《なまびょうほう》で下手に接するとかえって悪くなったりすることもあると思いますので、注意が必要ですね。

玉岡　実はですね、うちの娘が「新型うつ」になってしまったのです。第一志望の会社に正社員で入社したのですが、入ってみたら人間関係が難しいとか、思っていた仕事内容と違うとか。ゆとり教育世代で、社会適合ができないのかと思ったりもするのですが、そんな病める心を持つ人にとって、セラピーになるのではないかと思ったわけです。

釈　お坊さんはセラピストではありませんが、ただ、お坊さんというのは「場」をつくるのが上手なのです。小さいけれども心が自然と開けてくるような場をつくって、そのお世話役をすることは僧侶にできる仕事だと思います。今、そういう若い人がたくさん出てきています。そういったお坊さんが世話役をしているカフェなどに足を運んでくる若い人にとっては、真面目な話をする場ということに意義を感じているようです。学校でも職場でも真面目な話はあまりできなくて。真面目な話をしたら退かれてしまうようなのです。

玉岡　確かに。特に関西では「おもしろい」ということのポイントが高いです。

釈　おもしろい話にノルのが大事なことになっていて、真面目な話をしたいと思っても、無理にムードを合わせないといけないのがつらいという子もいます。思う存分、真面目な話をする場とか、普段あまりしない話をする場をつくる。お坊さんの役目の一つですね。これまでお寺というのは、地域コミュニティとべったりとくっついていたので、檀家制度というメンバーシップの枠を超えるということをあまりやってこなかったわけです。それが現在、地域コミュニティ自体が崩れてきて、枠を超えて集まれる場をつくっていく取り組みが徐々に始まっています。

玉岡　若い人の感性に期待したいですね。

釈　それは僧侶に限らず、今の若い人の感性には期待を持てるのではないかと思うのです。例えば、新型うつになられたお嬢さんも、きっとすごくいい感性を持っておられると思うのです。僕は不登校の子どもたちを応援するグループをサポートしているのですが、僕たちが子どもたちと接してきてわかったのは、不登校になる子というのは、心優しくて、正義感が強くて、真面目な子が多いということです。ですから、子どもが不登校になったら、家族みんなでお赤飯を炊いてお祝いするべきではないかという意見もあるくらいです。本当に心の優しい子は今の学校にはとても行けないだろうと話をしています。

玉岡　今、お話を聞いていたら、思い当たるふしがあります。娘は中学生の頃から不登校で、無理矢理行かせたのですが……。

釈　行っても居場所がなかったり。

玉岡　そうなんです。保健室に駆け込んで、お迎えの電話がかかってきて……。

釈　心優しくて思いやりのある子が、がちがちのビジネスマインドの仕事場にいたら、つらくて居られないというのは、もしかしたらごく自然なことかもしれないですね。僕たちは、不登校には「不登校道」みたいな不登校の道があるのではないか、という話もしていて。学校の枠には合わないかもしれないけれど、もし別の枠組みがあれば、すごく魅力的な面が見つかることもあり得ると思うのです。

玉岡　親としては、普通に学校に行くのが当たり前としか思えなくて。お赤飯を炊いて喜ぶくらいの余裕が私にあればよかったのに……。

釈　宗教者というのは、そういうふうに別の価値観を提供して、常識にとらわれている思考に揺さぶりをかけるのも大事な役割です。宗教は、社会とは別の価値体系を持っていることに一番の特性があるのです。社会と同じだと、宗教の存在意義がないとさえ言えます。「今、苦しんでいる者こそ幸せ」とか、「悪人こそが救われる」といった宗教が持つ逆説性こそ、救いの扉であったりするのです。

玉岡　「不登校でよかった」という境地もそうですね。教育の現場にも、宗教の揺さぶりが必要な気がします。

玉岡かおる
（たまおか・かおる）

1956年兵庫県生まれ。神戸女学院大学卒業後、中学教師を２年務めた後、結婚。1989年『夢食い魚のブルー・グッドバイ』（新潮社）で文壇デビュー。代表作は『をんな紋』３部作（角川書店）、『天涯の船』（新潮社）。『お家さん』で織田作之助賞受賞。ほか『負けんとき―ヴォーリズ満喜子の種まく日々』『天平の女帝　孝謙称徳』（ともに、新潮社）、『虹、つどうべし　別所一族ご無念御留』『ウエディングドレス』（ともに、幻冬舎）など多数。兵庫県の教育委員。大阪芸術大学教授。

そこがいいんじゃない！

Jun Miura
みうらじゅんさん
【イラストレーター】

ゆるキャラも仏像も安心感がある

釈　みうらさんの仏像好きは、小学生のときからだそうですね。中でも、四天王像に踏みつけられている邪鬼《じゃき》を見て、自分だと感じたとか。

みうら　小学校の作文に「僕のことだ」と書いていました（笑）。当時、『邪鬼の性』（淡交新社）という写真集まで親に買ってもらうくらい好きでした。踏みつける四天王は写っていなくて、下の邪鬼ばっかりの写真集です。

釈　すごい宗教センスの小学生（笑）。

みうら　今でいうマニア本ですよね（笑）。仏像には経典に基づいた決まりが多いですが、邪鬼は自由度があってオリジナリティが表現できる部分だから、仏師は存分にナタを振るえたと思うんですよ。

釈　みうらさんはウルトラマン世代ですね。周りはみんな怪獣好きだったでしょう?

みうら　当然、怪獣も好き。それが高じて仏像の世界に入った感じです。ウルトラマンは弥勒《みろく》だと思って見ていました。ウルトラマンはM78星雲から地球を守るためにやってきますが、それはお釈迦さま入滅後、五十六億七千万年の後に出現する弥勒と重なるのではないかと。地球を救うために葛藤を抱えているから、如来ではなく菩薩なんでしょう。

釈　なるほど、おもしろいですね。そんな小学生の仏像好きが高じて、仏教系の中学校へと進学したわけですね。そして仏像ブームの立役者に……。ブームと言えば、みうらさんの造語「マイブーム」が流行語大賞になりましたね。それに「ゆるキャラ」というネーミングもみうらさんによるものです。

みうら　「ゆるキャラ」という名前は考えて十二年くらいになります。当時、雑誌で連載をしようと思って、写真を撮らせてほしいと地方自治体に依頼の電話をしたら、「うちのはゆるくない」ってカンカンに怒られたもんです（笑）。しょうがないから「ゆるキャラの『ゆ』はユニークの『ゆ』です」と嘘までついて写真を借りたりしていたんですよ。それが「ひこにゃん」以降ですかね、「うちはこんなにゆるいんです」と、向こうから載せてくださいと頼まれるようにまでなりましたからね。常識って変わるんですよ。マイナスのことがプラスになることがあるし、当然プラスがマイナスになることもあるから。今でも、「ゆるいでしょ」とアピールしている感じが、やっぱり「ゆるい」わけで。そこは変わってないと思うんですよね。

釈　「ゆるキャラ」は、特産物とか、優しい目とか、いかにも手作りっぽい着ぐるみとか、丸っぽさとか、いくつかの記号を内包しているわけですが、それが製作した人々の思惑やメッセージとは別の「ゆるさ」を発しているわけですよね。その意図されたものではない「ゆるさ」をみんなが受け取っている。真面目に取り組んだ結果、おかしなものが生まれたりしますでしょう。

みうら　真面目にやっていると、特におかしなものが生まれますね。

釈　それを、みうらさんはいとおしいまなざしで見つめていらっしゃるわけですね。

みうら　おもしろいじゃないですか、語り合えることが楽しいんです。今では仏教界にもゆるキャラがたくさんおられますよね。高野山に「こうやくん」がおられますが、高野山の方が、子どもたちが集まってきて法話がしやすいとおっしゃっていました。仏教への入り口としては「ゆるい」ことはいいですよね。

釈　親鸞聖人の七百五十回大遠《だいおん》忌《き》のときには、東本願寺では各宗派のゆるキャラ集合というイベントが開催されました。

みうら　ゆるキャラという言葉はマイナスイメージかもしれませんが、仏像も同じじゃないかなと思うんですよね。それは、人が寄ってくるという意味で。お釈迦さまが亡くなって、何百年か後に仏像に刻まれるようになりましたよね。やはり人型を模したものにより強くひかれるというのが人間のゆるさであり、しょうがなさだと思うんですね。抽象的なものよりは人型を模している方が魅力的で安心感がある。

釈　仏というのはあくまで人が覚《さと》ったものですから。人が覚った状態を「仏陀」と呼ぶわけですよね。少なくとも「神」ではない。「神」を表現することについては、各宗教によっていろんな事情があります。でも、仏像は基本的に人間の姿となります。

みうら　そこにやっぱりリアリティが生まれますものね。その意味で仏像は仏教の思想を表現しているんじゃないかと。

自分のことだから自分の言葉で

釈　仏像だけじゃなくて、仏教についても、みうらさんの言葉で書いたり話したりしてらっしゃいますよね。苦難の人生を生き抜くための「僕滅運動」も、「僕」を「滅する」という、まさに仏教です。

みうら　おやじギャグですけど（笑）。それをおやじギャグと思わせないように紹介するのが仕事です。どこかに「おふざけ」を入れないとよくないと思うんですよ。「僕滅運動」と呼ぶことで、もっとポップにしたいんです。身近にいつも思っていたいですから。

釈　苦しい人生を生きるために「縁起」の立場に立つというのが仏教です。自分というものは確たるものであって、譲れない一線であるとなれば、ますます苦難の人生になっていきます。「自分はいろんなものの集合で、この場は一時的な現象だ」という立場に立つことによって執着から離れるわけです。それにしても「縁起」や「空《くう》」などの仏教の難しい言葉を、現代人に届くよう変換するのはものすごく才能が要ると思います。

みうら　中学高校の六年間ずっと仏教の時間があったんですが、その時期って男として煩悩が最高に高まっているときでしょう（笑）。「縁起」と言われてもピンとこない。「僕滅運動」とか「比較三原則」なんて考えたのは、「それって『僕』を滅やん」とか「他人と比較しない。過去の自分と比較しない。親とも比較したらあかんねん」とか、ちょっと笑いを入れたら、すっと入るんじゃないかと、そのときずっと思っていました。釈さんがおっしゃったように、ずいぶん仏教の用語を変えちゃいました。これも「自分なくしの旅」の一環ですから。

釈　「自分さがし」じゃなくて。

みうら　サッカー選手が引退して「自分さがしの旅」に出られると聞きました。でも、それは「違うよ」と思ったんです。本来は「自分なくし」じゃないですか、仏教は。

釈　うーん。とても大事なことを、軽妙さと笑いを織り込みながら語っておられますね。

みうら　「ふざけ」てるわけじゃないんです。「真面目」って度が過ぎると病気ですから。そもそも人間って、自分のためには真面目でしょ、他人には不真面目だけどね。真面目もいいけれど、みんな自分のために真面目すぎて、自分の欲ばかり主張するようになりますからね。「僕滅運動」も自分にもっと不真面目でいようという運動です（笑）。

釈　自分にもっと不真面目という運動ですか。いいですね、それ。

みうら　他人からこう思われたいという、自分がつくったイメージに人はしばられて生きている気がします。

釈　みうらさんのおっしゃる不真面目というのは、視野が狭くならない、こだわりやとらわれがない、といったことですね。お釈迦さまも「楽器の弦は張りすぎると切れてしまう。適度な緩みが大切である」と説いています。また、キリスト教文化圏などに比べると、日本の宗教文化は、融通がきくゆるやかさがありますね。しょっちゅうお寺に通って、何かとお手伝いしている人も、あらためて「あなたは本当に仏教の教えを信じている

のか?」と問われると「えっ。そんなこと言われても」となる。……と、これは外国人のキリスト教神学者が言っていた話です（笑）。どうもそういうところは神学者にとって不思議らしい。

みうら　お坊さんも真面目だけじゃいけないと思いますよ。

釈　そう言ってもらえると気が楽です（笑）。「僕滅運動」とか「自分なくしの旅」とか、仏教の性格をうまくとらえた見事な表現であると思います。私もそういうことができればと思っているのですが……、なかなかみうらさんのマネはできないです。

みうら　仏教書も一時期読んだんですけど、なかなか難しいから進みません。でも、これは難しいということにしておかないと宗教学者というものが成り立たないのかなと思ったんです（笑）。本当はもっと単純で明快なことなんでしょ。生を享《う》けたものはいずれ死ぬという。仏教って自分のことでしょ。中学高校からずっと、仏教は人類のためのものと思っていたんです。こうすれば平和になれるなど壮大なテーマで、他人のことを教わっている気がしていたんですが、だんだん歳をとってくると「これはまさしく自分のことじゃないか」と思うようになりました。遠いものではなく近すぎて、若い頃はピンとこなかったんじゃないかなと。死ぬのも自分だし、苦しいのも自分だしね。もっと仏教ってマジに取り入れた方がいいんじゃないかな。テーマは人それぞれみんな「マイ・デス（死）」を持っていることで、仏教は自分の生きることと死ぬことを伝えているんだから。人の言葉を借りて納得するより自覚を持てと、仏教は教えているんじゃないかと。

釈　なるほど。

みうら　仏教って、お釈迦さまがすごい昔に「生きることは苦である」って、もうバチーンとコピーを決めたわけじゃないですか。いつの時代にもそれに当てはまらないことは一切ないですから。

釈　人類規模のキャッチコピーですからね。

みうら　誰にでも当てはまるし、そうじゃない人はいないと言っても過言ではないというくらいの名キャッチコピー。

釈　「生きることは苦である」の「苦」は、中国で「苦」と翻訳したんですが、元はパーリ語の「ドゥッカ」とかサンスクリット語の「ドウクハ」で、丁寧に訳すと「思い通りにならない」という意味なんですね。それが即《すなわ》ち「苦」であるという翻訳なんです。「生きることは思い通りにならない」、その通り。誰にでも当てはまる。「思い通りに」生きている人間なんて、この世に誰もいない。人類史上、一人もいないわけですから。

みうら　その苦しみがなくなることってないですよね。必死でごまかしたりしますけど。

釈　思い通りにならない状態をごまかしたり、先送りにしたり、見ないようにしたり。あるいは何らかのゆがみを生じさせて、だましだまし生きている。そのことを、あらためて突きつけられると「ああ、なるほど」と。

みうら　若い頃「人生は苦である」にピンとこなかったのは、いつか修正がきくと思ってたんですよ。けれど、自分がある程度歳を重ねていったときに「自分もいずれ死ぬんじゃないかな」と、何となくうすうす気がついて……（笑）。

釈　「どうやら俺も死ぬらしい」という噂を小耳にはさむ（笑）。

みうら　そう、小耳にはさんだあたりから、苦はなくならないなら、これは辻褄を合わせていくしかないなと。最近、歯医者さんに行くと、弱った歯を「抜いてもいいし、抜かなくてもいいし」なんて中道《ちゅうどう》みたいなことを言うんですよ。眼医者に行っても「それは加齢によるもので、うまくつき合っていかれた方が」と言われ……。「どうやらいずれ死ぬ」というのを徐々に実感していくと、これはもう、うまくつき合っていくしかないと。「苦」というものが完璧になくならないとわかった上で、どううまくつき合っていくかが問題だって。

即！容認、全部肯定していく

釈　ところでみうらさんは、自分をうまくコントロールする「ご機嫌作戦」を実践しておられますね。

みうら　「ご機嫌作戦」というのは、ただ相手のご機嫌を取っていくだけなんです。

釈　ご機嫌について書いておられますよね。もともと「機嫌」自体が仏教用語だと。

みうら　ええ。相手の機嫌がいいと自分の機嫌もよくなるということがわかります。それで相手のご機嫌を取るんだけれど、「俺だってしんどいのに、何でお前はもっとしんどいって目で訴えてるんだ」なんて思うと、やっぱり腹が立つわけで。問題はそこをどうするかだけなんですよね。

釈　ご機嫌を取るにも戦略が必要ですね。

みうら　機嫌のいい場というのは、みんなが幸せでしょ。少なくとも自分の機嫌がいい場というのは幸せじゃないですか。中には、不機嫌で場をコントロールしようとする人がいて、不機嫌な人が一人いたら、どうしてもその人を中心に場を動かさないとしょうがない。機嫌のいい場だと、誰が入ってきても気持ちいいですし、みんなが楽しく過ごせる。それをどうやったらできるか、毎日考えているんですが、どうもうまくいかない（笑）。

釈　なかなかできないことですね。また「ああこれはパッとしないな」と感じたときこそ、「そこがいいんじゃない！」と口に称《とな》えて即！　容認する「念仏戦法」というのも実践されている。これも大事ですよね。なにしろ今はずいぶん不寛容な社会になっています。

みうら　否定する方が容認するより賢そうに見えるからでしょう。「いいんじゃないの、それで」って容認すると、あまり物事を考えてないみたいだし。でも即！　容認するって、一番、難しいことじゃないかな。自分と違っているものに対して、人はすぐ攻撃する。だから、そうしないよう、逆に「いいんじゃないの、そこが」って言って自分にそう仕向けなきゃ、ですね。

釈　まず称える、なのですね。

みうら　「そこがいいんじゃない！」は、否定的なことを思ったときにやってる修行みたいなもんです。「いい」って肯定すれば、脳も「ええっ⁉」って言うと思うんですよね。例えば「しんどい」って言う前に「しんどいのがいいんじゃない」って全部肯定していくんです。

釈　それって、仏教独特の時間論とか存在論に近い気がします。仏教では、あらゆるものが網の目のような関係になっていて、変化せずに恒常的にあるものはないし、独立して存在するものがないとします。そして、この一瞬にだけ世界が実在するとします。そう考えると、この一瞬をどう考えるか、どう行為するかによって、次の一瞬が変わるわけです。そう考えると映画を観ていて「おもしろくないなあ」と思った次の瞬間に、どんどんアラばかり目につき出して、おもしろくない連鎖に陥るんですよ。

みうら　思った瞬間にどんどん苦しくなりますもんね。

釈　そうなんです。だから延々苦しい時間が続くんですが、その一瞬を積極的に引き受ける。すると、また別の見方が出てくるし、味わいも変わる。宗教っていうのは、この社会とはまた別の価値観を持っているからこそ救われるわけですよね。この世俗の価値では救われない者が、別の体系の価値によって救われる。イエス・キリストは「今、泣いている者、苦しんでいる者、お前こそが幸せである。なぜなら神はお前のためにいるから」と説きました。通常一般の社会では富める者が幸せですけれど、宗教の世界ではひっくり返る。

みうら　悪人こそが救われる。

釈　そうです。社会の価値観をひっくり返すのが宗教です。ただ、新しい価値の扉が開いても、我々はなお日常を生きていかねばならない。ここが肝心です。宗教的価値と出会っても、苦難の日常から逃げられるわけじゃない。何度も何度も宗教的な価値と出会っては、また現実に引き戻される。その振り幅の中に仏道がある気がします。

自分をなくしてこそ出会える

みうら　現代の日本はとても、仏教に合ってますよね、流行《はや》るのがわかる気がします。

釈　勘のいい人やセンスのいい人は、仏教に何かがありそうだ、と思っている。

みうら　ある程度の余裕があるからこそ、そう思っちゃうんじゃないかな？　戦後のような状況では仏教は隆盛を極めないでしょう。

釈　高度成長期は人間でいえば思春期みたいに身心が活発な社会ですから、仏教は流行らないかもしれません。現代は自分の都合が暴れやすい社会だから目を向ける人がいる。

みうら　今や仏教が趣味の一つになりつつある。僕は僧侶でもないのに、袈裟《けさ》を買って持ってるんですよ。イベントで何度か着けたんですが、やっぱり気が盛り上がるんですよね。でも、袈裟は買えても、お坊さんには即なれないじゃないですか。聞いた話では、仏教の大学に通うか三年の通信教育を受けるとか。普通の人はちょっと心が折れますよね。

釈　思い立ったらすぐになれる方がよいと？

みうら　そうじゃないと、修行の途中で気持ちが揺らいでしまう、と思っちゃうでしょうね。今日からだったら決心が固まっているのにと（笑）。最近、新聞広告でよく「僧侶の通信講座」というのを見かけるので、ちょっと調べてみたら、割とすぐに〝皆伝〟を受けられるシステムなんですね。皆スピーディーな方法を求めているんだと思いましたね。

釈　資格を取るのが好きな人も多いですし。

みうら　僧侶の資格はほしいですよね、日本人であれば特別です。でも、たいてい資格を取りたい人はファッション感覚でしょうね。僕も少しインドに行っただけで、ヒゲをのばしてシタール買って戻ってきましたし（笑）。お坊さんになりたい人も、免許を取って袈裟を着て日常から離れてみたい、そんな気分だと思うんですよね。でも、そこで間違ってはいけないのは、偉い位を取ったと思っちゃうことですよね。「師」は、世間で言われる「先生」と呼ばれるイメージと違いますもんね。

釈　趣味の仏教だと、本当の地平にはたどり着けないと思うんです。どこかで自分というものがボキッと折れるところをぐくらないと、仏教の醍醐味《だいごみ》は味わえません。

みうら　ファッションとして好きというだけでは、ボキッと折れませんもんね。

釈　自分というものを温存したまま、仏教の奥座敷へと進むことはできません。

みうら　自分を少しずつなくしていったときこそ、出会えますもんね。

みうらじゅん

1958年京都府生まれ、東山中学・高校、武蔵野美術大学卒業。1980年『月刊漫画ガロ』でデビュー、1982年ちばてつや賞を受賞、1997年「マイブーム」で新語・流行語大賞受賞。漫画、イラスト、エッセー、バンドと多彩に活動。週刊誌・雑誌に連載多数。興福寺公認「阿修羅ファンクラブ」会長でもある。著書に『マイ仏教』(新潮社)、『さよなら私』(角川書店)、『自分なくしの旅』(幻冬舎)、『「ない仕事」の作り方』(文藝春秋)、共著に『見仏記』(角川書店)など。

第三章

死と向き合う

香山リカさん
【精神科医】

西山 厚さん
【帝塚山大学文学部教授・
前奈良国立博物館学芸部長】

駒澤 勝さん
【小児科医】

孤独死はむしろ標準楽しく生きよう

香山リカさん
【精神科医】
Rika Kayama

宗教は謙虚さを実感する手立て

釈　香山さんの言説を聞いたり読んだりして感じるのは、弱者に寄り添う姿勢が強いということです。それは「自我を肥大させている現代人の危うさと欺瞞《ぎまん》」を警戒しておられるからではないかと思っています。ところで、香山さんご自身の宗教は何ですか？

香山　明確にはないのですが、キリスト教の教えは受けています。でも洗礼を受けたわけではありません。父方の祖母が日蓮宗だったので、家はその流れの中にあって、仏教系の幼稚園に通っていましたし、仏教の葬儀や法事も身近で、すんなり溶け込めます。

釈　キリスト教にはいつ出遇ったのですか？

香山　子どもの頃、近所の友だちに誘われて教会に出入りしていました。大人になるにつれて離れていきましたが、仕事をするようになって、友人に誘われたのを機にまた教会に通うようになりました。ちょうど世の中はバブル景気でしたが、私が出会う患者さんたちは弱い立場の人たちばかりで、聖書の中にある、神は一番小さく弱い者とともにある、というような言葉に素直に共感できたのです。キリスト教的な価値観は、自分が感じていることを表すのにぴったりでした。でも「神の存在を信じますか?」と問われると、「はい」とは答えられない（笑）。

釈　日本人のクリスチャンが陥りがちなポイントですね（笑）。

香山　キリスト教的生き方と、信仰を持つことは全く違う、と言われたこともあります。信仰はあった方がよいと思いますか?

釈　よいとか悪いとか、そういう価値判断で語るのは難しいと思いますが、少なくとも、信仰に支えられた生き方は、特有のタフさとしなやかさがあるように思います。しかし、まあ、特定の信仰だけが宗教性ではありませんからね。宗教の領域はもっと広い。日常の中に必ず宗教的要素はあります。

香山　人間が合理的に何でもコントロールできるという考えは、非常に傲慢であり、危険であると思っています。どんなに計画的にやっても不可知の世界がある、あるいは自分のやれることには限界があり、ささやかなことでしかないという謙虚さを実感する手立てとして、宗教は有効だと思います。

釈　なるほどそうですよね。少なくとも我々の世界は、生きている人間だけのものじゃなくて、亡くなった人もこれから生まれる人も入れ籠《こ》状態になって成立しているんですよね。それに目をこらす、耳を澄ますということは宗教的な態度と言えるかもしれません。
香山　でもそれなら、森の精霊が出てくるような宮崎駿さんのアニメも、宗教となってしまいませんか？
釈　宮崎アニメが豊かな宗教的要素を持っていることは確かでしょう。でもそれは体系化されたものではなく、儀礼も教団もない。だから制度宗教ではありません。とても感覚的、文化的なものです。そういう宗教性は多くの人が共感可能です。宮崎アニメの魅力の一つですね。ただ、そういう文化的な宗教性は、なかなか「自分のありようが問われる」といった道にはならない。

ハッピーな孤独死とは

釈　ところで、香山さんは「ハッピー孤独死」の勉強会をされているということを、本で読んだのですが、どうして、そういう会を？
香山　二、三年ほど前、ゲストの方をお呼びして話を聞く会を開いていました。五十歳になる頃で、親しくしていた友人たちの中に、病気で亡くなったり、急死する人が出てきたんです。シングルの女性が家で急死して、友人が来て発見したということが、数年の間に何度かあったんですね。そうすると、周りの人たちが「こわいねえ」とか「ああなったらおしまいだね」「ああはなりたくないねえ」とか、ともかく悲惨な死に方だから、自分だけはそうなりたくないということを言うんですよね。

釈　「かわいそう」とかね。

香山　そうなんですよ。そういう人の葬儀に行ったときに抵抗を感じたのは、それまでの素晴らしい仕事をしていたことについては何も触れないで、亡くなる一瞬のことだけで、彼女は本当にかわいそうな人だったというような話になってしまうことなんです。

釈　その人の生き方を全部否定するようなことになってしまうんですね。特に、家族共同体を大事にする人は、一人死をことさら悲惨なことと思い込みたい心理もあるようです。

香山　これからは、独身の人も多いから、シングルで死んでいく方も多いだろうし、結婚していても、どちらかが先立って最後は一人になったりする。少子化で子どもがいない人も多いだろうし、子どもがいても遠くにいたりする。そんな単身世帯が多い中、一人で死んでいくことはむしろ標準的になっていくと思うんです。でも、そこで、みんなそれを自分のこととして考えようとすると、こわくなって思考が停止してしまうんです。じゃあ、

そんな孤独死を避けるためにはどういう手立てを打てばいいのか、ということについて、なるべく具体的な話を聞いていったんです。

釈　どんな方に話を聞いたのですか？

香山　遺品整理をする会社の社長さんや保険会社の人に孤独死の実態をうかがったり、発見されるための方法について聞いたり、葬儀費用だけ出るという小口の保険についても教えてもらったり。また、あるときは、友人の死を発見した人にその体験を語ってもらいました。それはやはり大変なことだったようですが……。その後、亡くなった女性にはもうご両親もいらっしゃらなかったので、発見した人の仲間でお別れの会をすることになったのです。私もその会に行ったのですが、遺品を友人たちで分配したんです、オークションみたいに。

釈　オークション？

香山　あ、売ったり買ったりしたわけじゃなく、「これ、欲しい人？」というふうに、手をあげた希望者に渡していったんです。するとね、みんなで「あー、これは何年か前に一緒に旅行したときに買ったものだ」「そうだそうだ」なんて言いながら、彼女についてのエピソードを話すことになって、それはそれでなかなかよい感じの偲ぶ会になったんです。

釈　亡くなり方について語るのではなく、生きていたことを話す会になったわけですね。

香山　ええ。「ハッピー孤独死」の勉強会についても、孤独死を失敗とか敗北としてとらえずに「友だちをつくっていこう」など、前向きに考えて、楽しく生きていこうというのが結論でした。

釈　孤独死について話し合う会など、誰かが提案して設けないことには、なかなかない機会ですからね。

香山　仏教的に見るとどうなんでしょう？　孤独死というのは非業の死だとか？

釈　（笑）それはないです。孤独死だからといって特別なことではありません。仏教ではあらゆる死は等価です。たとえ自死であっても同様です。

香山　死に方は仏教では関係ないのですね。

釈　そうです。仏教では、死をイメージすることで日常を点検するというふうに、むしろ生き方に方向性を向けていきますね。死をリアルにとらえた上で、精いっぱい生きていくわけです。生まれた限りは死んでいくのですから、死を徹底的に自覚して生きる、というのが仏教ですね。

香山　でも、亡くなった後は浄土に行くのか、とか宗派によって違いがありますよね。

釈　はい。それぞれの体系に沿って、生き抜き、死に切っていくということになります。死をも超えて続く体系があってこそ宗教だと思います。この社会を超える価値があるからこそ、生死を超える道があるからこそ、人は救われるのではないでしょうか。

自宅での看取りとお葬式

釈　香山さんは、お父さまが亡くなられた後、そのときの体験を踏まえて『「看取《みと》り」の作法』（祥伝社）というご本を書いてらっしゃいます。

香山　ええ。父は入院していたのですが、母が「最期は家で」と言って、亡くなる日の朝に退院させて、家で看取ったのです。お葬式も家でしました。お友だちや親族に家に集まってもらうのは大変だからと、大っぴらにはしなかったのですが……。それまで住み慣れた家の風景が、祭壇が組まれて変わっていくのを見るのは新鮮な体験でした。

釈　ご自宅でのご葬儀は最近、減ってきているんですよ。家族だけで送るという場合でも、近所の会館で小さな部屋を借りるなどして営まれることが多い。

香山　父が亡くなったら、今度は、母がそれをどう乗り越えるのかが、大きなテーマになったんです。ですから、ともかく母の気の済むようにしてもらいました。お葬式って、こまごました用事がたくさんあるでしょう。実家は日蓮宗で積み団子をお供えするのですが、そのお団子も母が手作りするというので、人に聞きに行ったり、こしらえては失敗したりしていました。そういう作業には、達成感があるんですよね。それで、無事にお葬式が終わったときには、「よく一人でできたねえ」「すごいねえ」と弟と私の二人で母をほめました。母は満足げでした。でも、何がすごいのか、よくわからないですけど（笑）。

釈　ご葬儀をすることで、悲嘆をケアする、グリーフケアになったのですね。

香山　まさにそうですね。

釈　精神科医としてのお立場から、葬儀をどのようにとらえていらっしゃいますか？

香山　死別直後の混乱したショックな時期をやりすごすためには、有効な手段だと思いますね。手段というと不謹慎に聞こえるかもしれませんが。仏教徒の生き方は、すべてをおまかせする態度にあるかと思うのですが、現実の死別のつらさというものは、また別のものですよね。

釈　そうですね。特に、なかなか受け入れにくい事態、例えば事故や事件などで急に愛する人を失ったときなど、どんな言葉も心に届かないということだってあります。時には、お葬式のように「一定の行為様式を一つひとつなぞるしか方法がない」と実感したりします。

香山　そんなときは、日々気持ちをまぎらわせていくしかないんですよね。お葬式は、悲しみをまぎらわすことのできる一番のセレモニーだと思います。映画『お葬式』で、お弁当を選ぶシーンがありますよね。「松にしますか？　竹にしますか？　それとも梅？」というような三者択一がいくつかあって、それを組み合わせていく。三ランクぐらいだからいいんです。百ランクもあったら、とても選べない（笑）。でも一つしか選択肢がないとお仕着せに思えてしまう。三択で選んでいく中で、周りの状況が見えてくるということもあります。八百円のお弁当で、大体何人来るだろうから、全部でいくらぐらいになると考えたり、「あら高いわね」とか。でも「お父さんが亡くなったのに高いとか安いとか考えている私って変だわ」と思ったり。そんな手順の一つひとつを粛々《しゅくしゅく》とこなしていくことが大事なのです。だから私はオリジナル葬には反対なんです。気持ちをまぎらわせるには自由度が高くて、あまりに負担が大きすぎる……。

釈　私も友人とか知り合いのお葬式で、無宗教のお別れ会やオリジナル葬に出ることもあるのですが、たいてい正面に思い出の品が並べられていて、故人の好きだった音楽が流れて、礼拝の対象は故人のみ、といった形態になっています。その光景を見ていると、そこまで「自分」にすがらないといけないのか、と思ってしまいます。まるで、自分らしさ以外はすべて邪魔モノという雰囲気が漂っていて、どうもなじめないのです。一方、宗教儀礼というのは、仏教に限らず、なす術《すべ》もない悲しみやどうしようもない状況に対して、「決まった様式」や「定型的なやりとり」をおこなうところにキモがある。

香山　そうですね。親しい方のお父さまが亡くなったのですが、お父さまが「お葬式はいらない。何もしてくれるな」と言い残されました。とても家族を大切にしていた方でしたし、遺族はその言葉を守って、祭壇も法要もお線香もない、いわゆる直葬にされたのです。でも、写真ぐらいは飾っていいかなとか、お茶はお供えしようかなとか……。遺された家族は、お父さまの言葉を守ることで自分たちを励ましておられましたが、はたから見ていて、ある意味とても残酷な気がしました。何もできないから、ただ本当に悲しむしかない。

釈　なるほど、宗教儀礼によって、悲しみがむき出しにならず、段階的に引き受けることができるという面もありますからね。実際、解決不能の苦悩とどう向き合っていくか、ということは宗教の大きなテーマです。

香山　例えば、喪服を着るということだけでも、女性なら、ストッキングは黒だっけ？　肌色でもいいんだっけ？　と悲しみの中から現実の世界に引き戻されるんです。そんな形式的なことも、お父さんは嫌がるだろうから、と黒い服を着ることもなく、全く何もしないままだったから、直接、死と向き合うだけだったのです。

釈　また、「死んだらこうしてくれ」というのも、ずいぶん傲慢な話のように思えますね。

香山　ええ。お葬式や法要は遺された人のためのものだと思います。激しい悲しみから、初七日《しょなぬか》、四十九日《しじゅうくにち》、お盆、祥月《しょうつき》命日と、節目節目を通して、だんだん悲しみが薄らいでいきます。遺された人のためのグリーフケアだということは実感しました。

釈　それは、なかなか知性では解読できない部分かも。例えば「葬式なんか不必要」なども、儀礼を軽視する近代知性のありようでしょう。同様に「余計な負担をかけたくない」という思いも近代知性の傲慢かもしれない。

香山　逆に残酷なことになってしまう。

釈　現代人は「お世話をかける」ことが苦手になっているようです。お世話することも、されることも苦手。私がそういうタイプなので、よくわかるんです。これは現代人が老いや死と向き合う場合に大きな論点になると思われます。高齢者施設にもやはり、お世話されるのが上手な方と苦手な方がおられます。上手な方は少数ですね。私は「お世話され上手な方」がうらやましいです。自分の身をまかせるのがうまく、あまりこだわりがない方で、お世話をかける覚悟を持っているといった感じがします。つまり、現代人は自分の身をまかせる感性を成熟させていかなければならないんじゃないかと思うんです。

香山　お世話されたら、返さなきゃと思うから、お世話されたくないんでしょう?

釈　はぁ、そういうメンタリティですか。つまり返せないお世話は受けたくないと。

香山　お葬式がいらないなら、あるいはそれに代わる義務や課題を言い残して死ぬというのも一つの方法かもしれませんね。死後すぐできるような課題を与えてあげる。

釈　映画『サン・ジャックへの道』みたいに、巡礼に出なさいとか。なるほど。「皆さん、どうかお念仏してください」と言い残す念仏者もおられますからね。

香山リカ

（かやま・りか）

1960年北海道生まれ。精神科医、立教大学現代心理学部教授。臨床経験を生かし、テレビや新聞、雑誌などで社会批評、文化批評、書評など幅広く活躍。現代人の「心の病」について洞察を続けている。著書に『〈不安な時代〉の精神病理』（講談社）、『「看《み》取《と》り」の作法』（祥伝社）など。

やすらかに生き
やすらかに死ぬ

Atsushi Nishiyama

西山　厚さん

【帝塚山大学文学部教授・前奈良国立博物館学芸部長】

大好きな人にまた会える

釈　西山さんに、私はまずお礼とおわびを言わなければなりません。というのは、ご著書『仏教発見！』（講談社）に、「死ぬことはこわくない」という話を知的障害の方にされたことが書いてあり、私は感銘を受けて、勝手にあちこちで書いたりしゃべったりしているからです。

西山　実は、ひょんなご縁で知り合った東京の女性から「釈徹宗さんの『いきなりはじめる仏教生活』（新潮社）の中に、西山さん発見。わぉ！」とメールをもらいました。さっそく本を買って読んでみると、確かに出てきました。引用がちょっと不正確だなあと思いながら読んでいくと、こうありました。「ここは何度読んでも涙があふれるのだ」と。この一文で許してしまいました（笑）。

釈　ありがとうございます。勝手な思い込みで読んで、話を再構築していたのですね。では、ぜひ、ご本人から直接お話をお聞きしたいと思います。

西山　恐縮です。今から十年ほど前のこと、知的障害の施設の先生から手紙が届き、施設の人たちを連れて行くので、死ぬことはこわくないという話をしてくださいと頼まれました。その施設におられる知的障害の方々の平均年齢は五十五歳で、知的年齢は三歳から六歳だということでした。浄土真宗のお坊さんなら、死ぬことはこわくないという話は、簡単にできるかもしれませんが……。

釈　それで、先生はかなり悩まれた末……。

西山　いえ、五秒ほど（笑）。五秒ほど悩んで、そうだ！　お釈迦さまが亡くなるときの話をしたらいい、と思いついたんです。

釈　お釈迦さまが亡くなるときの話というのは、涅槃図《ねはんず》のことですね。

西山　はい。涅槃図には必ず、右上隅にお釈迦さまのお母さん、摩耶夫人《まやぶにん》が雲に乗って地上に降りてくる様子が描かれています。摩耶夫人はお釈迦さまを生んで七日で亡くなった。生んだばかりの小さなわが子に思いを残してこの世を去った。だからお釈迦さまはお母さんを知らない。そして摩耶夫人は、天の世界に転生していたのだそうです。涅槃図を見るたびに、若い頃は、あれはお釈迦さまが臨終の直前にお母さんを思い出したのだ、八十年前に自分を生んで亡くなった、自分よりもはるかに若い、顔も知らないお母さんのことを思い出したのだ、と考えていました。涅槃図は、お釈迦さまが死ぬ直前に考えたことを象徴的に描いているお話いろいろなお経に書かれているお話は知っていましたが、そんなことは現実にはないと。

釈　迎えになんて来ないと。

西山　そうです。でも、十九年前に考えが変わりました。父が亡くなったのです。亡くなる十数日前、父は自分のお母さんの姿を見ました。父はとても喜んでいました。父は声を出せなくなっていたのですが、紙に「私の母の幻を見ました」と書きました。私はぎょっとしました。お迎えに来るという言葉を思い出したからです。とっさに「おばあちゃんがもうちょっとがんばりなさいって言いに来たのかな」と言いましたが……。病室にいた母や姉たちも、たぶん心の中で同じことを考えていたはずです。程なくして、父は亡くなりました。涙を流しながら私は、本当におばあちゃんは父を迎えに来たのだ、と思いました。そして、摩耶夫人も、本当にお釈迦さまのところにやってきたんだと思い至りました。

釈　ほお。

西山　私は浄土真宗の門徒ではないので、受け止め方が、真宗的ではないかもしれませんが、お聞きください。父の死を契機にして、私はこんなふうに思い始めました。死ぬとは、先に死んだ大切な人にまた会えること。大事なのは、そのときまで生き切ること。久しぶりに会うのだから、いろんな話をしてあげないといけない。暗い話は喜ばれない。素敵なみやげ話をたくさん持っていくために、そのときまで精いっぱい生き切る。知的障害の人たちは、ちょうどお父さんやお母さんが亡くなる年代で、何人かが続けて亡くなったので、みんなが死ぬことをこわがっていたそうです。だから、「先に死んだ大好きな人にまた会える。迎えに来てくれる。そのときまで生き切る」ということを伝えられたら、少しは死ぬことがこわくなくなるのではないかと。

釈　なるほど。

西山　そうこうしているうち、前日の夜になり、話の構成をさらに考えていたら、一つ足りない物があることに気づきました。それがないと話ができない！　それはハート型をしたピンク色の風船でした。明日の朝までにピンクのハートの風船が絶対に必要だ！　そこで、友だちに電話しました。持つべきものはよき友ですね。閉店間際の百貨店で買い物中だったそうですが、たまたま店内に浮かんでいたピンク色のハート型の風船を見つけ、頼み込んで二つも手に入れて、翌朝、左右の手にそれぞれ持って、奈良国立博物館までやってきてくれました。

釈　風船はどう使われたのですか？

西山　ハート型の風船を胸の前に持ち、「死ぬと……」と言って手を離す。風船は舞い上がっていくけれど、天井に当たって止まる。そこで「ほら、そこにいるじゃないですか」と指差し、「そして、思い出すと……」と言いながら、風船に結んだテグスをゆっくり巻いていくと、風船は胸の前まで戻ってくる。思い出すことで、死んだ人にまた会える。

釈　ビジュアル的に表現したわけですね。

西山　話を始める前に、「皆さんはお釈迦さまを知っていますか？」と尋ねてみましたが、一番前の席の女性に「知りません」とはっきり言われました。弱ったなと思いながら、「ずっとずっと昔、今から二千五百年も前に、インドという遠い国にいた人で、私の大好きな人です」と前置きをして、話を始めました。話が終わると、施設の先生が「誰かに感想を言ってもらいましょう」と言う。してくれなくてもいいのにと思いながら、語りだそうとしたさっきの女性にマイクを向けると、「やさしいお釈迦さまは私たちの心の中にいます」。私はその言葉に衝撃を受け、胸がいっぱいになって、ただ呆然と立っていました。一カ月が過ぎて、感想文が届きました。「わたしがしんだら、いちばんだいすきなおかあさんがきてくださいますね。しぬのはまだこわいけど、おかあさんにあへるのがたのしみです」。心にしみました。知的年齢が三歳から六歳だというのは間違いです。そんなことはありません。長い人生の蓄積なくしてこのような言葉は生まれません。

釈　はい。本当にそうですね。

西山　この話は京都新聞のコラムでも紹介していただいたことがありますが、不思議な後日談があります。たまたまネットを見て知ったのですが、大学生の息子さんを亡くしたあるご夫婦が、悲しみの中で京都へ旅行に来た。そして朝になり、ホテルのドアの下にあった京都新聞を開いてそのコラムを読む。「死ぬことはまた会えるということ」、これは私たちのために書いてくれたんじゃないかと涙が止まらなかったと。

釈　ううむ、シンクロニシティ（意味ある偶然）だ。

西山　「また会える」が持つ力は強い。浄土信仰が多くの人の心をとらえるのはそのためだと思います。浄土が幸せの世界、さとりに至る世界であることよりも、先に死んだ大切な人と浄土でまた会えるということが、大きな救いになっているのだと思います。でも私は、浄土には行きたくない。

釈　そうなんですか？

お浄土には行きたくない？

西山　赤毛のアンも同じことを言っていますよ。「私は天国には行きたくない」って（笑）。だってちっともおもしろそうじゃないから、と。それとは違いますが、私も浄土へ行くことを望んでいません。浄土は幸せの世界です。そこには幸せしかないとお経に書いてあります。でも、幸せしかないのは本当に幸せなのだろうか。苦しみや悲しみがあってこそ深い喜びを得られるように、幸せしかない世界で幸せだと感じられるのだろうか。真宗門徒の方々の浄土への思いは、そこが幸せの世界、さとりを開ける世界であるからではなく、先に亡くなった大切な人にまた会える、その場所が浄土だ、という意味合いが強いのではないでしょうか。

釈　何のために浄土へ行くかというと、さとりを開いて仏となって、再び衆生済度《しゅじょうさいど》（迷えるものを救う）に戻ってくるわけですが。

西山　そうですね。それが真宗の教えです。でも、衆生済度のために浄土へ、と思っていらっしゃる方は少ないのではないかという気がします。浄土でまた会えるという信仰のほうが強いのではないでしょうか。

釈　はい、私もそれは感じます。もちろん、死んだらまた会える、というだけでは仏道として完成しない。しかし、「また会える世界」は宗教性の琴線《きんせん》であると思います。

西山　平安時代や鎌倉時代の人たちは、人は死んだら終わりではなくて、また生まれ変わると考えていました。浄土に行くことは、もうこの世には生まれ変わらないこと、もうこの世には再生しないということです。

釈　輪廻からの解脱《げだつ》です。

西山　今の時代、輪廻すると考えている人は少ないと思います。輪廻すると思っていない人にとって、「輪廻からの解脱」は意味を持ちません。輪廻を信じていた昔の人と、輪廻を信じていない現代人とでは、死ぬことの意味が異なります。そして浄土が持つ意味も変わってきているのではないでしょうか。

釈　西山さんは仏教史がご専門ですね。実は最近、思想史的な方法で信仰や信心を考えているのですが、今のお話もそれにつながる印象を受けました。また、親鸞聖人と同時代の明恵《みょうえ》や貞慶《じょうけい》、叡尊《えいそん》といった高僧の研究をしておられますが、いずれも専修念仏を批判した方々です。そのあたりについてもお聞かせください。

西山　はい。浄土真宗のお坊さんとの対談でお話をするのはためらわれますが（笑）。叡尊さんは、浄土へは行かないという誓いを立てました。次に生まれるときは、五濁悪世《ごじょくあくせ》、つまり最低最悪の世界に行きたいと願う。五濁悪世に生まれ、そこで最も苦しんでいる人を救いたい。そのためなら地獄の苦しみにも耐えようと誓います。そして来世だけではなく、現世のうちから、ハンセン病の人々の救済に尽くしました。こんな人がいたと知ったときにはとても驚きました。そのとき私はまだ二十代の半ばでしたが、叡尊さんとマザー・テレサが重なり、そういう考え方に強くひかれました。

釈　なるほど、それで「お浄土は好きじゃない」という言葉につながるのですね。

西山　もしも、今が末法の世だとします。もう本当にどうしようもない時代と世界です。そんな世界で生きていく場合、三つの生き方があると思います。第一の道は、ぶつぶつ文句を言いながら一生を終える生き方。これは案外多いかもしれません（笑）。第二の道は、この世界はどうしようもないのだから、別の世界へ行こうという生き方。法然上人や親鸞聖人がお説きになったのがそれです。別の世界、それは浄土です。この考え方にはとても説得力があります。多くの人々が心ひかれたのは当然です。しかし、もう一つの道がある。第三の道は、どうしようもないこの世界を変えていこうという生き方です。

釈　先生は、第三の道にひかれた。

西山　第二の道が、あの時代に大いなる意味を持ったことはよくわかります。しかし、どこまでできるかはわからないけれど、やれるところまではやり抜くという第三の道に、私はひかれました。親鸞聖人も力の限りを尽くし、それでもできないことがわかって念仏の道に進まれたわけですから、そう考えると、第二の道と第三の道は、正反対に見えて、案外共通するものがあるのかもしれません。

釈　ええ、私もそう思っています。

西山　専修念仏の法然上人と、専修念仏を批判した明恵上人は、私の中ではとてもよく似ています。明恵上人は『選択集《せんじゃくしゅう》』を読むまでは、法然上人をとても尊敬していました。法然上人は時間の経緯によって末法になると考えておられましたが、明恵上人は、末法にしたのは人間だ、人間の行動次第でいい世界にも悪い世界にもなると考えていました。だから最後のところで道が分かれてしまうのですが、私はお二人とも大好きです。

釈　長年にわたって研究を続ける中で、若い時分と今とでは、仏教に対する見方が変化してきた部分はありますか?

西山　変わりました。お釈迦さまの教えと違っていても、それはそれで悪くないと思うようになりました(笑)。インドと日本はまるで違うのですから、インドの仏教と日本の仏教が違っていても当然です。日本の仏教はさとりを求めていません。言い過ぎかもしれませんが、求めるものが違うように思えます。

釈　もともと出家とは、さとりを求めて選ぶ道ですから、本当の出家者が少ない日本ではさとりを求める人が少ないことになりますね。

西山　日本人が仏教に求めているのは、やすらぎではないでしょうか。心満たされてやすらかに生き、心満たされてやすらかに死ぬ。そういう生き方をしたい。それは仏教に支えられて可能になる。日本の仏教は葬式仏教だという批判をかつてはよく耳にしましたが、東日本大震災を体験してからほとんど聞かなくなりました。あのとき、お葬式をできない苦しみ・悲しみを味わった人がたくさんいた。お葬式は大事です。亡くなった人のためにというよりも、生きている人のためにお葬式は必要です。お葬式によって、人は悲しみの中で、やすらぎを得る。

釈　大震災は、あらためて葬儀について考える契機となったようです。

西山　仏教は、お母さんを亡くしたお釈迦さまの深い悲しみから芽ばえました。仏教は、深い悲しみや深い苦しみから生まれた。だからお坊さんは、誰よりも悩み苦しんでいるべきだと思います。世の中には悩み苦しんでいる人がたくさんいる。その人たちはお坊さんのところには行かない。高級な車に乗り、高級な時計をはめて、贅沢に暮らしているお坊さんに、心の奥の深い悩みを打ち明けたくない。

釈　耳が痛いお話ですが、おっしゃる通りです。真宗僧侶は出家者ではないので、一般的な生活を送るところに特徴があります。しかし、やはり僧侶である限り、今のご教示に向き合っていきたいと思います。

西山　奈良時代、聖武天皇が大仏を造った理由は、すべての動物・すべての植物がともに栄える世にしたい、ということでした。そんな世の中なんてあるのでしょうか。でも、聖武天皇は本気だった。だからとても苦しむことになります。だってできっこないんだから。そして苦しみの中で大仏を造ることを思いつく。そのとき聖武天皇は不思議なことを言われました。大きな力で造るな。たくさんの富で造るな。一本の草を持って協力したいという人がいれば手伝ってもらえ、と。小さな力や小さな思い。それをたくさん集めて大仏を造る。それが聖武天皇の考えです。そんなふうにしても、本当にそういう世の中ができるかどうかはわからないけれど、力の限り、その道を行く。これも第三の道ですよね。

釈　そうなんですか。実は今まであまり大仏さんって好きじゃなかったのですが、今日からとても心ひかれる存在になりそうです。

仏教は悲しみとともにある

釈　私は今、平安時代末期に著された各種の「往生伝」を調べています。そこで語られているのは、法然聖人や親鸞聖人によって大きな転換が起こる以前の素朴な浄土信仰です。しかし、そこには現代人の心も揺さぶる力があったりします。

西山　「往生伝」を見ると、男性と女性でずいぶんストーリーが違いますね。男性の往生者の多くは立派な人で、女性はかわいそうな人が多い。ある女性の場合、三人の子どもと夫に先立たれ、世の無常を感じ、出家して尼になる。そりゃ、世の無常を感じるでしょうね。そののちは、病気になっても身命を愛することなく、弥陀を念じ、柔和で、慈悲深く、蚊やアブを追い払うこともなかった。そして亡くなるとき、空中に音楽が聞こえた。音楽が聞こえるのは極楽往生の証拠。阿弥陀さまがお迎えに来てくれたのですね。たぶん、本当は、音楽なんか聞こえない。でも、聞こえる。死んだ女性があまりにもかわいそうで、せめて来世では幸せになってほしいと願うとき、残された人々の耳に幻の音楽が聞こえる。女性と仏教。これが私にとって一番大切なテーマです。女性のほうが男性よりも悲しみが深い。苦しみが深い。私はそう思っています。仏教は悩み苦しみ悲しむ人のためにあるのですから、女性と仏教は親しい関係にあります。私は、大きいものよりも小さいもの、強いものよりも弱いものに心ひかれます。私が幼いとき、母が重い病気になり、すぐに手術しなければ助からないと言われました。入院する日の朝、母は私をおんぶして部屋の中をぐるぐる回り、「退院して戻ってきたら、またおんぶするわね」と言って家を出て行きました。私はまだ三歳でしたが、このときの記憶は鮮明に残っています。おそらく母はもう戻ってこられないと思っていたのでしょう。幸いに手術は成功し、母は戻ってきました。

釈　ああ、それは、よかった。

西山　母は小さな観音像を持って嫁いできました。毎晩、母はその前で、「般若心経《はんにゃしんぎょう》」と「観音経」を読んでいました。小さい私は母にいつもくっついていたので、「般若心経」はすぐに覚えてしまいました。実は、父も病気がちでした。二十代はずっと病院暮らし。何度も危篤になった。幸いにして退院できましたが、お医者さんからあなたは四十歳までは生きられないから、やりたいことがあるなら、まっしぐらにそれをやりなさいと言われたそうです。父は大学に入りなおし、日本の宗教の勉強を始めました。そんなふうに父も母も体が弱かったので、二人とも長くは生きられないと思っていたようです。今私たちが死んだら、この子は私たちのことを忘れてしまうだろう。この子に何を遺せるのだろうかと考えた両親は、私に仏教童話全集を買ってくれました。こうして私は仏教に出会いました。

釈　ご両親からの宗教的教育と、仏教童話全集が西山さんの原点なのですね。

西山　母は、信仰がなければ生きられなかった。観音像に手を合わせる母を見て育ったので、それがなければ生きることができないような信仰、それに支えられてしか生き続けることができないような信仰について考えるようになりました。元気いっぱい幸せいっぱいの人に仏教はいらないと思っています。お釈迦さまは積極的に布教をすることはなかった。悩み苦しみ悲しみ、どうしようもなくなった人がやって来た。それでもまだお釈迦さまは語りださない。お釈迦さまはその人の悩み苦しみ悲しみをすべて聞いてくれて、聞き終わったとき、その人のために、その人のためだけに、「それならこうしたらどうか、こう考えたらどうか」と一回きりの話をする。それが本来の仏教のあり方だと思っています。

釈 仏教は「生きることは苦（思い通りならない）である」から始まります。「往生伝」においても、そのことが繰り返し語られます。思い通りにならない人生をいかに生き抜くか、死に切っていくか。そこに仏道があるわけですね。

西山 思い通りにならない人生にも幸せがある。仏教に支えられるとそれが可能になる。ひとつ思うに、経典を出家者が編纂《へんさん》した点には大きな問題があるのではないでしょうか。出家者が編纂したので、お釈迦さまの在家の人々へのまなざしを伝えきれていない。同じように「往生伝」は男性が編纂したので、女性の気持ちを伝えきれていない。お釈迦さまのお母さんは、お釈迦さまを生んで七日で亡くなった。だから、お釈迦さまはお母さんを知らない。やがて物心ついたとき、「僕にはお母さんがいない。お母さんは死んだ。僕を生んで死んだ。僕を生んだから死んだ」と思った。感受性の強い少年にとっては、それは決定的です。僕を生んだから死んだと思い詰めていくと、もうそこから出られなくなる。

しかし、お釈迦さまはさらに考えた。「お母さんばかりではなく、結局は、みんな死ぬ。一人の例外もなく、老いて、病んで、死ぬ。人の一生が死で終わるのなら、人生はつらく悲しく苦しいものでしかない。でも本当にそうなのか。死ぬけれど幸せということはないのか。病気は治らないが幸せということはないのか」。お釈迦さまは、その道を求めて出家した。

釈　お釈迦さまの宗教的原風景は「母の死」であると。

西山　そうしてやがてお釈迦さまは悟りを開き、仏教が誕生したのですから、お母さんの死が仏教を生み出したと言ってよいと思います。仏教は深い悲しみ苦しみから生まれた。

だから仏教はやさしい。悩み苦しみ悲しみ、一人でいることに耐えられなくなった人にとって、仏教は大きな存在価値がある。苦しみや悲しみの中からしか生まれてこないものがある、それこそが貴いものだと私は考えています。仏教も深い悲しみ苦しみの中から生まれたのです。

釈　西山さんにとっての仏教とは、そのような全体像を持っているのですね。そういう思いから、博物館退職の際に、金子みすゞさんの詩を紹介されたのでしょうか。

西山　奈良国立博物館での最終講義の演題は「女性と仏教」でした。そして、最後に、金子みすゞさんの詩を紹介しました。「さびしいとき」という詩です。「私がさびしいときに、よその人は知らないの。私がさびしいときに、お友だちは笑ふの。私がさびしいときに、お母さんはやさしいの。私がさびしいときに、仏さまはさびしいの。」という詩です。お母さんはやさしいの、で終わりかねないところですが、仏さまはさびしいの、と続きます。私がさびしいときに仏さまもさびしい。これは救いです。ほかの宗教ばかりではなく、インドの仏教や中国の仏教にもこういう考え方はないのではないでしょうか。私がさびしいときに、仏さまはさびしい。とてもよくわかります。悲しいときに、元気を出せと言ってくれる人がいても、うれしくない。あなたの気持ちはよくわかるよと言ってくれても、そんなことを簡単に言ってもらいたくない。それよりも、何も言わず、ずっとそばにいてくれて、背中をさすってくれたり、手を握ってくれたりしてくれる。誰なのかなと思って目をあげたら、その人も黙って涙を流している。仏さまもさびしいというのは、そういう世界です。最終講義では、この詩は日本仏教のひとつの到達点だと思うと言いました。

釈 今のお話は大変情緒的で、ウエットで、ご自身がおっしゃるように、とても日本的です。もともと仏教というのは、すごくクールな宗教で、ロゴステッィクな性格が強い。しかし、西山さんのおかげで「ともに泣く仏さま」という日本仏教の特性を再確認しました。

西山 厚

（にしやま・あつし）

帝塚山大学文学部教授。1953年徳島県生まれ、伊勢育ち。京都大学大学院文学研究科博士課程修了後、奈良国立博物館へ。資料室長、教育室長、学芸部長などを歴任し、2014年３月退職。著書に、『仏教発見！』（講談社）、『親鸞・日蓮の書』（至文堂）、『僧侶の書』（至文堂）、『官能仏教』（角川書店）、『語りだす奈良　118の物語』（ウェッジ）など。

何があっても無条件の救い

Masaru Komazawa

駒澤　勝さん

【小児科医】

本当の優しさとは

釈　駒澤さんのお名前を初めて耳にしたのは、学生の頃です。布教使《ふきょうし》さんがお話ししてくださって、感銘を受けました。それは、先生が白血病のお子さんに治療をしていく中、どうしても難しいとなったとき、「がんばれがんばれ」と言い続ける親御さんもいれば「もういいよ、よくがんばったね」と語りかける人もいる、という話でした。このことをいつか直接お会いして、詳しくお聞きしたいと思っていたのです。先生は、機会あるごとに患者さんに、いのちのお話をなさったり、医療スタッフとも死生観について語ったりされてきたのですか？

駒澤　いや、それはないです（笑）。病院ではみんなに話そう話そうとするのですが、聞いてもらえないですよ。特に若い医師たちには「また始まった」とばかりに逃げられます。

釈　そうなんですか（笑）。

駒澤　親御さんにそういう話をしようとすると、もう見切られた、と受け取られることもあります。お子さんの最期が近づいたとき、「自分たちの思い通りにならないことは、だめになるということではない」というのを、遠回しにゆっくりとお話しして、それがわかり、「そうだそうだ」と気持ちが楽になった方もおられるし、逆に「こんなに悪いのに、だめではない、とは何事か」と反発する方もいて、なかなか難しかったです。何人かの方は「私たちが勝手に望んでいるのですね」「望み通りにならないことは、だめなこととは別問題なのですね」と理解してもらえました。

釈　僕は、緩和ケア病棟のお医者さんと一緒に死生観について勉強会などをするのですが、そういうことに目を向ける方は少数ですね。

駒澤　患者さんをとにかく生かすことが第一ですから。モニターを見て脈が落ちてくると、心臓マッサージをしたり、人工呼吸をしたり、注射を打ったり……。僕はもう「許してやろうよ」と。いくらか歳を重ねている医者は引き受けられるけれど、医者になって一年二年という人は、生きることに絶対的な価値を持っていますから、なかなか……。

釈　昔、僕が布教使さんから聞いた話では、患者さんのお母さんで、臨終のときに輸血をしてくれ、とおっしゃった方がいるとか。その話を聞いて、胸が痛くなった覚えがあります。

駒澤　そうそう。その子はやはり白血病だったのですが、なかなか治療が思い通りにいかなくて、再発を繰り返して、厳しくなってきました。よく笑う明るいお母さんでしたが、さすがに落ち込んでいました。それが、ある日、詰め所にいる私のところに、本当にうれしそうな顔をして「先生、先生、先生、先生！」とやってくるのです。「どうしたの？」と聞くと「先生、もし、あの子が最期になったら、私の血を輸血してよ」と岡山弁で言うんです。白血病では血小板が少なくなってよく出血します。その頃はまだ血小板だけを集めたものが簡単に入手できませんでした。そんなとき、止血のためには、血小板をたくさん含む採りたての新鮮血を輸血することが一番でした。その親子は血液型が合っていて、必要ならいつでも輸血できるのですが、夜間や休日に新鮮血が手に入らないときのためにいつも後回しにしていて、それまでの四年間一回も輸血していませんでした。お母さんは、いよいよ子どもが亡くなるときに自分の血を輸血できれば、自分の体の一部が子どもと一緒に死ぬことができる、「一緒に死ねる」、そのことがうれしいというか、ありがたいというか……。

釈　それがうれしくて、「先生、先生！」と言って、やってこられたのですね。

駒澤　その提案があって二、三週間して、子どもの最期が近づいたとき、ずっとその子を見ていたお母さんが「先生、これは輸血じゃな」と言うんですよ。で、お母さんから20cc輸血しました。八歳の子に20ccなんて医学的には何の意味もないのですが、お母さんの気持ちを汲みとって輸血したわけです。つまり、お母さんは、死んでいくわが子に「死んでもいい」というゴーサインを出すわけですよ。このことがとても感動的でした。

釈　多くの場合は「死んだらあかん」と言うのでしょうか。

駒澤　「先生、何とかしてください」と、泣き叫ぶのが普通です。当然です。わが子が死ぬのですから。そのお母さんは「死んでもいい」と。死ぬしか道のない者に生きろと言うのは、今の私たちのように生きるしか道のない者に死ねと言うのと同じように厳しい。死ぬしか道のない者に死んでもいいと言うことこそ、本当の優しさだと思うわけです。実はそれより前に、アメリカの医学雑誌である記事を読んでいました。その雑誌は世界一の学術雑誌で、私たちの論文はなかなか掲載してもらえないほどのものです。その雑誌に一人の母親の手記が載ったのです。わが子の白血病が、再発を重ねて、効く薬がだんだんなくなってきた。病院では、食事もシャワーも面会も自由にできない。いっそのこと、家に連れて帰ろうと主治医に相談したら、それも一つの手だろう、と許可してくれた。家に帰ると、夜、痛くなったら外へ出て星空を眺めることで気分をまぎらわせることができた。昼

間、元気があるときにお父さんが農業用トラクターに乗せて、久しぶりにキャッキャという声を聞いた、などなど。そして、いよいよ最期になって、あえぎあえぎ呼吸する様子が、まるでその子がこの世に生まれてくるときの陣痛の苦しみと同じように思えてきたというのです。陣痛のたびにお腹の子どもに「がんばれがんばれ」と声をかけたのと同じように、「次の呼吸で死ねるかもしれない、がんばれがんばれ」と応援するのです。そして最後の息を引き取ったとき、お母さんは、まるでこの子が生まれたとき「万歳！」と言ったのと同じように「この子は、死の勝利を勝ち得た」と叫ぶのです。わが子の死をここまで寛大に受け入れることができるのか、と

頭が下がるというか、すごいお母さんだなあと思いました。

釈　死への道を見事に歩みきったわけですね。

駒澤　「死ぬな死ぬな」というお母さんの情けもわからないわけではないですが、死ぬしか道のない者に「死ね」という応援こそ、本当の味方であり、優しさというのは、むしろ、こちらだと思うのです。さっきの岡山のお母さんもアメリカのお母さんも優しい。優しいけれども、それでも根っからの「死んでもいい」ではないのです。元気になってほしいのだけれども、病気がここまで進行したからにはしょうがない、という気持ちが混じっている。ところが、阿弥陀さんは、根っからの「死んでもいい」です。

釈　阿弥陀仏のはかりしれない広大な慈悲《じひ》。

駒澤　阿弥陀さんは、根っから、そんなことは問題ではない、と。生き死ににも全く優劣がないのですから。阿弥陀さんの慈悲とはこれか、と思ったんですね。死ぬしか道のない者に、阿弥陀さんは「死ぬな」とはおっしゃらない、「死んでも構いはしない」「絶対にお前を離さないから大丈夫」と。病気だっていい、不治だっていい、痛くってもいい、息苦しくても大丈夫、と支えてくださっている。

釈　お念仏の道は、そのままおまかせすることによって、どこまで行ってもなくならない苦しみを超えていく道ですからね。

駒澤 それも、おまかせする前から引き受けてくださっている。

釈 気づいたら、阿弥陀仏の手の上にいたというわけですね。

いのちはすり替えられない

釈 医療技術は日々進化していますが、その進み具合に、お医者さんの死生観や生命観は全然追いついていないように思えます。ご著書の中で「なぜ治療しなければいけないのか」という問いをお医者さんたちが誰も共有してくれない、とありますね。

駒澤 病院というのは、生かす、治すというのが何よりも優先される場所なのですが、それでも、稀《まれ》ならず患者さんはついに亡くなります。そんなときいつも、悲しみ、敗北感がありました。それでも、解剖したり、経過を見直して検査や薬を変更するなど、この患者さんの死を次の患者さん、未来の患者さんに活かすことに努めることで、自分自身、割に簡単に立ち直っていました。あるとき、特別の思い入れのあった受け持ちの子どもが亡くなりました。どうしようもなく悲しい。なかなか立ち直れません。「次の患者さん」では間に合わないのです。「将来、同じ病気の子どもが助かったとしても、あの子はもうどうにもならないではないか」「たとえあの子の死を未来の患者に役立てたとしても、将来どんなに医学が進歩しても、あの子の死の問題はちっとも解決しないではないか」と悶々とした月日がたちました。当然と言えば当然ですが、ある患者さんの死は、同病の次の患者さんが生き延びることでは解決しません。これまでは「問題のすり替えをしていたにすぎない」ということに気づかされたのです。死んだ子の問題は、「死んだけど、あれはあれでいい」以外解決し得ません。死んだあの子をいとおしく思えば思うほど、「死んでも大丈夫」が要るのです。それ以外、あの子の立つ瀬がないと思うからです。あの子のことだけではありません。すべての不治の病の子どもや、幼くしてこの世を去る子どもに言えることです。そんな子どもに関わるたびに「これはこれでよいという世界が絶対必要だ」「そうでなければ、救われようがないではないか」「だって病気は治らないのだから、だって死ぬのだから」と繰り返していました。生まれつき眼球のない子には「見えるようになれ」ではなく、「見えなくても大丈夫という世界が絶対に要る」のです。

釈　お話を聞いていて、思い出したことがあります。お参りさせていただいていたお家で、男の子が幼くして亡くなり、ご夫婦が悲しんでおられたところに、また男の子が生まれてきて、僕は本当に不用意な言葉で、「よかったですね、これで少し悲しみも癒えるんじゃないですか」などと言ったんです。「でも、亡くなった子の代わりはいませんから」と言われました。恥ずかしいことでした。

駒澤　医学では、死んだ者はだめなものとして、次の患者で勝負しようとするのですね。いわば切り捨てです。これが非常におかしいと思い始めると、それまで華々しかった医学が急に色あせて見えてきました。そういえば医学は次々に新しい検査や治療法を創出しているが、結局、過去を否定しているだけだ。今日高々と発表される新治療も、数年先にはまた覆《くつがえ》される運命にある。やっぱりそうか、医学は真理などではない、あまり頼りがいあるものでもない。それに引き替え、お釈迦さまが現れて二千何年、親鸞聖人が教えを説いて八百年、仏法は少しも動かないじゃないかと。それで、親鸞聖人を本気で求め始めたわけです。

釈　それまで、お念仏に出遇われたことは？

駒澤　わが家は、朝晩、「正信偈《しょうしんげ》」の勤行が終わらないと、ご飯にありつけないという家庭でした。子どもの頃から、お念仏お念仏と言われて育ちました。でも、疑問は大きくなるばかりでした。やがて大学に入って家から離れると、宗教的環境から解放されるし、科学、医学の話が論理的に展開されます。そちらの方がよっぽど納得できます。それでも、夏休みや冬休みに家に帰ると、母はまた「念仏念仏」です。私が全く聞く耳持たずでいると、母は「お願いだから、念仏を」と言うのです。「ナンマンダブ、ナンマンダブ」と吐き捨てるように言うと「それでええ、それでええ。ありがとう」と言っていました。念仏を称《とな》えながらも、全くバカらしく思え、それこそ口先だけでした。大学を卒業して医者になると、医学の力で、痛いのが痛くなくなるし、息苦しさが消えたり、出た熱も下がるのを目の当たりにします。「医学の方がはるかに確実で、人の役に立つ」と自信満々で、念仏から遠ざかるばかりでした。

釈　阿弥陀さまが生理的な痛みを取ってくれたりするわけではありませんからね。

駒澤　それは医者の領域ですけれども、いつも目的が達せるわけではありません。ところが、阿弥陀仏の世界では「痛くったって大丈夫、死んでも大丈夫」です。五歳の死も、最初から問題にならない。何があっても無条件の救いです。一切の切り捨てがありません。絶対的な優しさ、つまり慈悲です、大悲《だいひ》です。阿弥陀さまの救いは一桁《けた》も二桁も次元が大きいのです。これが私が見つけた答えなのですよ。医学、科学ではせいぜい問題のすり替えで、本当は何の問題も解決していない。でも阿弥陀仏の前では、「病気も死も、そんなことは問題ではない、最初から問題にならない」という解決、つまり救いだと思うんです。

釈　駒澤先生のような価値観のお医者さまは、めずらしいのでしょうね。

駒澤　よく同僚から「駒澤のような考えでよく医者が務まるな」と言われるのですが、「違うんだ。やっと医者ができる道が見つかったんだ」と答えるのです。実は医者自身が患者と同じ構造で救われているのです。医療は、正義で、大悲の阿弥陀仏が「病気でも大丈夫」とされるものを、「病気ではいけない」とするところに成り立っています。医療は正義でもなければ優しさでもない、阿弥陀仏への反逆です。でも、反逆している私が「反逆しても大丈夫」と反逆したまま無条件で阿弥陀さまに受け入れられています。これこそ医療ができる基盤であって、弥陀の大悲以外に医療ができる理由はないのです。病人が病気であることができるのも、医者が医療に従事できるのもどちらも同じ弥陀の大悲ゆえなのです。

釈　確かに宗教というのは、この社会とか世間とは別の価値観を持っていますね、そしてそれこそが宗教です。宗教が社会と同じ価値観しかないのであれば、はっきり言って宗教の意義はないようなもので、むしろ社会サービスの方がずっと優秀ということになります。社会とは別の価値を持っているからこそ、世間で救われないものが救われていく。社会とは別の価値を主としつつ、その社会を生きていくということは、まさに、蓮如上人のおっしゃった「仏法を主《あるじ》とし、世間を客人《まろうど》とせよ」ということですね。誠心誠意、世の生業《なりわい》をつとめる、けれども本当の場所は自分の立ち位置は仏法にあるというような、これこそが、普通に社会を生きるための仏道であって、そこに浄土真宗の白眉があると思います。

駒澤 その通りですね。医療ができること自体が阿弥陀仏の支えの上に成り立っている。医療だけではない、すべてがそうです。原発にせよ防波堤にせよ、科学の粋を集めたものが砂上の楼閣《ろうかく》でしかなかった。それを復興するというのは、もう一度、砂上に楼閣を造るようなものです。一般にはそれでよいのでしょうが、少なくとも浄土真宗は「結局そんなものは頼りにならない、もっと大事なものがある」ということを伝えるのが大切じゃないかと思っています。

阿弥陀さまの懐の中

釈　先生のお母さまが念仏を称えるようになられたのは、何かきっかけがあったのですか。

駒澤　次男が三歳のとき疫痢で亡くなり、それからしばらくして今度は長男が戦死しました。そんなことがきっかけだったのでしょう。母親は、次男の死にぎわに「待ってろよ、必ず行くから」と言ったと話していました。その約束を守らなければいけないという気持ちもあったのかもしれないですね。家のすぐ隣が浄土真宗のお寺で、母はよくお寺に出入りしていました。だいたい広島県全体に念仏の土壌がありますから、無理なく親鸞聖人の教えを求めたのだと思いますね。

釈　お寺は三次《みよし》でしたね。先生が医師として、科学に行き詰まりを感じ悩んでいらっしゃるときに、お母さまという念仏者は大きな存在であったように思えます。

駒澤　母親が「お念仏を」と言うのに、ずっと反発していました。でも、反発は無視とは違って、その間も、ずっと意識の中にはあります。だから、科学や医学に限界を感じたとき、「待てよ、念仏こそ本物かもしれない」と浮かんできたのです。

釈　お念仏の仏道は、合理的思考を超えるようなところがあるからかもしれません。例えば、そもそも仏教は自分の都合を滅すれば苦悩も滅すると説きますが、浄土仏教は「自分の都合というのはどこまで行ってもなくならない。なくならないけれども、おまかせすることで超える」といった、凡人のための、ややアクロバティックな道筋を展開しますから。

駒澤　一つの生命体として生きるとは、その生命体を守ろうとすることです。それが欲望ですから、それを滅することは到底できない。だから心に苦悩や悩みが生じる。たとえ欲望を抑えたところで、例えば、バイ菌が入れば白血球がそれを許さない。その結果、おできをつくって体が痛むことになります。「煩《ぼん》は身を煩《わずら》わす、悩《のう》は心を悩《なや》ます」の煩悩です。

釈　自分じゃないものを拒絶しようとするわけですね。

駒澤　そうそう、自分の意志や考えとは無関係に、体のすべてがその生命体を守ろうとする。だから煩悩が起こる。誰かが自分たちは煩悩が服を着たようなものだと言いましたが、そういうものです。そもそも、私たちが一《いち》生命体として生きるとは、阿弥陀さまとは独立して生きるということです。阿弥陀仏に反逆の身である。それでも、その身そのままが阿弥陀さまに引き受けられている。阿弥陀さまの懐《ふところ》の中、手の上です。本当にアクロバティックな論理、いや、事実です。まるで、お母さんに抱っこされながら、「お母さんのバカバカ」とお母さんを叩いている子どものようです。お母さんは、「そうかい、バカか

い」と決して手を離しません。お母さんへの反発も、抱かれていて初めてできるのです。同じように、悲しみ、悩みなど阿弥陀仏への反逆も、阿弥陀仏に支えられていなければできないのです。人の生業だけでなく、人の生き死にはすべて反逆で、しかもそのままで阿弥陀仏に支えられています。阿弥陀仏なくしては存在すらできません。

釈　僕が運営している認知症のグループホームで、一人の女性が加齢に従ってだんだん食べられなくなってきました。痩せて枯れ枝のようになり、次第に丸まってじっとされていることが多い。その姿を見ていると、かつて人間はこのように息を引き取っていたのだろうかと感じます。というのは、最近は家で自然に亡くなっていくという人が少ない。場合によっては、無理な延命治療を施すことになります。ある医師が「最近の遺体は昔に比べると重たい」とおっしゃっています。昔で言えば水死体の重さだと。つまり、点滴で延命したり、液体の栄養剤を入れたりしているからでしょうね。一方では、そういった延命措置が自分の生命観に合わないと考える人も出てきているようです。

駒澤　国立病院ではめずらしいのですが、僕は往診をしていたんですよ。子どもがだんだん悪くなったとき、家で死なせてほしいという希望もあり、僕にもその方がよいという思いもあって。往診といっても最低限の医療のみですが、水鳥が水面に着水するようにすーっと亡くなっていきました。当然の成り行きとしての、無理のない死を何例か見せてもらいました。そういう自然な死は、病院ではなかなかできません。少なくとも何度かは心臓マッサージ、何回かは強心剤を入れないと死なせてもらえない。私の母親は、この部屋で亡くなったのですが、最後には何も食べられなくなりました。見舞いに訪れる兄弟は「お前は医者だろう、何で点滴の一つもしないのだ」と執拗《しつよう》に責めます。で、点滴をしたのですよ。一本したら一本分、二本したら二本分の浮腫が増えるだけです。病院では浮腫がでてきたら利尿剤を打つ、それに水を充分与えると心臓の負担になるから、強心剤も打つわけです。

釈　何をやっているんだか、わかりませんね。

駒澤　小児科でも、人工呼吸の機械や技術が進んで、意識も自発運動もないまま、呼吸だけさせられて、六年間も生き続けた例もあります。この治療で一体誰が喜んでいるのだろうと思います。親御さんも、医療従事者も心から喜べません。患者さん自身も苦痛に耐えているだけではないでしょうか。

釈　日本ほど病院で亡くなる人の割合が高い国、過度な延命措置をしている国はないそうです。延命の技術だけが進み、死生観や生命観が追いつかない状態だと言えるでしょうか。先生の本に、胃がんの進行が「法を聞け」のご催促だとおっしゃった話がありましたが。

駒澤　広島の親類に内科の開業医がいました。その話はその息子に聞いたものです。その医者が自分のがんに気がついたときには遅すぎて、一度手術したものの、再発しました。その医者の九十五歳の父親が、わが子の見舞いに来るわけです。その医者は父親の手を自分のお腹にあてて「おじいさん触ってみんさい。かたいもんがあるでしょうが」。すると「うん、あるよ」と。「大きいでしょうが」と言うと「うん、大きいよ」。「腹いっぱいにありましょう」、「腹いっぱいにあるよ」。「それ皆、がんや」と言うと「へえ、これが皆、がんか」。「こんなもんがあったら、おじいさんより先にわしが参らせてもらわなきゃ」。「そうだなあ、こんなもんがあったら、あんたが先じゃな」と。「でも、これも聞かせてもらえということよ」と言うと「そうとも、そうとも」。そして二人で「なんまんだぶ、なんまんだぶ」と続いたというのです。この会話、すごいなと。二人とも年齢が高いから、そこまで言えるようになったのかもしれませんが、医療の最先端を行く病院では絶対にあり得ない会話です。最先端の医療よりもこっちの方がえらい、はるかに上だと私は思ったわけです。

釈 そこに浄土真宗の本領がありますね。世間で救われない者が救われる。

駒澤 「今生きているこの世は苦海だ、苦しみの海だ、我々はその海におぼれている。そこに阿弥陀さまの大船が来て、その海から救い上げてくださる」と、長い間私は思っていました。しかし、阿弥陀さまの救いというのはそうではありませんでした。弥陀の大船というのはもっともっと大きくて、おぼれる海と一緒に、海もろとも丸ごと救ってくださる。病気から、悩みから、苦難から、死からの救いではない。病気のまま、痛みのまま、それで大丈夫、さらに、死んでも大丈夫と阿弥陀さまの懐の中に摂取されているのです。

釈　海の上に浮かんでいるわけじゃなく、海ごと持っていくような?

駒澤　だから「大船」だと。阿弥陀仏の救いは一桁も二桁も上です。一《いち》生命体として生きる苦しさが煩悩というわけですが、「煩悩を断ぜずして涅槃《ねはん》を得」とは苦しみのまま救われていること。それが私が見つけた答えなのです。

駒澤 勝
（こまざわ・まさる）

1942年広島県生まれ。国立岡山病院小児科に勤務し、1973年科学技術庁長期在外研究員としてニューヨーク州立大学小児科に留学。国立岡山病院小児医療センター医長を経て、1991年こまざわ小児科医院開院。著書に『目覚めれば弥陀の懐』（法蔵館）など。

第四章

物語をつなごう

杉本節子さん
【料理研究家】
伊東 乾さん
【作曲家・東京大学大学院准教授】
篠原ともえさん
【タレント】

信じる心を態度で示す伝えたい住まいと食

Setsuko Sugimoto

杉本節子さん

【料理研究家】

お仏間は心のよりどころ

釈　こちらのお家は、綾小路《あやのこうじ》通新町にございますが、私の住んでみたい町の一つが、綾小路麩屋《ふや》町という所なのです。落語が大好きで、噺《はなし》の中に「その男、綾小路麩屋町という、至ってあやふやな所に住んでおりまして」というくだりがよく出てくるからです。杉本さんは小さい頃からここに住まわれていますが、この地域は以前とずいぶん変わってきているのでしょうか？

杉本　変わってきていますね。このあたりは昔から京呉服の問屋が並ぶ町でしたが、今では着物の需要も減って、地場産業の元気がなくなってきていますし、京町家と呼ばれる建築が、マンションやビジネスホテルに変わったり、高さ制限が取り払われたりして、ずいぶんと様変わりしました。

釈　でも、若い人が町家を使って暮らしたりもしていますね。私は、こういう家や庭には宗教性があると考えています。例えば、お仏間のような、あってもなくても暮らせるけれどもあれば気になる空間が、そこで暮らす人の心とか居住まいとかを知らず知らずのうちに育てていくということがあるのではないか、と考えているのです。

杉本　それはあると思いますね。杉本家住宅という、重要文化財に指定された建物は、住居であり、商いを営んできた建物ですけれども、家の中心には、お仏間が据えられていま す。今の場所には百七十年前から代々住んでいるわけですが、途中で二度、「天明の大火」と「蛤御門《はまぐりごもん》の変」で焼けて、その後に再建されたのが、この建物なんです。町家の中でも、この家の文化的な遺産価値が高いと言われる特徴の一つが、仏間が独立した間取りとしてある、ということのようです。当時の図面を広げますと、仏間の壁がパタパタと立面に仕上がるように紙が貼られていまして、やはり仏間を中心として建築が考えられ、間取りが展開しているというのがよくわかりますね。

釈　なるほど。建物の間取りそのものが宗教心と結びついているわけですね。

杉本　ええ。先祖は三重県の農家の六男坊で、江戸時代の宝永年間に生まれ、京都に奉公にやってきたのです。三重の杉本の家がもともと門徒で、地元のご住職に伴われて京都に奉公に来たようです。そうして、その店を勤め上げて、独立し、奈良屋という呉服商が始まったのです。先祖の足跡をひもといていきますと、浄土真宗の門徒であるということが、この家の背骨であり、住まいや暮らしも仏間が中心になって今日までできているということがはっきりとしています。

釈　建物が持つ宗教性を感じる人は多いと思うのですが、その建物を営繕していく行為自体も、とても宗教的な営みだと思っています。例えば、古い教会でもお寺でも、みんなが手を尽くして、時にはお金を集めて修繕して維持していく、そういう行為自体に大きな意味があるように思えるのです。この家は、メンバーシップでみんなケアしていらっしゃる。そういう営繕行為というのも一つの内面の表れと言いますか、高い精神性の表現ととらえられるのではないかと。

杉本　この建物も、もともとは個人で持っていたものが、営んできた家業の会社の資産となり、そして会社を継続させることができなくなって、この建物と土地の資産をどうするかとなったとき、財団法人という形で維持継承していくこととなり、経済的な支援をしてくださる人を募ったのです。この家はお寺でも教会でもないけれども、この京町家というものを宗教的空間と同じように、守るべきものだという見方をしていただいて、維持継続ができているのですね。今、お話を聞いていて、よくわかりました。

釈　みんなの思いが集まっているのですね。そういうことを感じます。何か同じような心の集まり方というか、町家大好き宗みたいな（笑）。

杉本　ええ。ただ、この家を守って切り盛りしてきた家族、両親と私と妹のうち、嫁いできた母以外はここで生まれ育っているのですね。そういう者からしてみると、じゃあなぜここを守るのかというと、文化財的な価値があるからではなくて、極端に言ってしまいますと、自分を育んでくれた家に対する愛着心しかないわけです。庭に四季折々の緑が見えたり小鳥が来たり、床の間には掛け軸を飾って花を生けてというような情緒的な面から、「素敵ですね」と言われることが多いのですけれど、ただ、「きれいやな」と言って暮らしてきただけではない、いろいろな人間ドラマや歴史があって、その末裔《まつえい》として私が生を享《う》けて今いるわけです。百四十年以上の間、この家に関わりここで暮らし、ここで一生を全うしていった人たちのことを考えると、宗教性というのとは違うのですが、この建物自身に人格が宿っているようにも思えるのです。

釈　建物が関係性を生み出して、その関係に連なっておられるということですよね。自分がさまざまな関係性の中で生かされているということを、視点をひっくり返してみた、すごく仏教的な感じ方だと思います。そしてそういう感覚って、現代人にとって結構大事じゃないかと思っています。家の宗教というのはちょっとレベルが低くて、個人の宗教の方が信仰としては尊いという風潮がありましたが、もう一度、家の宗教を評価しなければい

けない時期にきていると思うのです。実際、家の宗教が強い所の方が自殺率が低いという調査があります。個人というものが強い所の方が自殺率が上がる。

杉本　先生が書いていらっしゃった「自分濃度が高い」ということですよね。

釈　はい。自分濃度を高くしないと生きていけない社会なのに、自分濃度を高くすると、苦しまなきゃいけない。

杉本　私は、家の宗教というものを自分で意識しないまでも、自分が育つ中で深く身近なところに信仰があったと思います。お仏壇に手を合わせて「南無阿弥陀仏と言うんやで」という、そのことだけでも非常に身近にあったと思います。それが、思春期を越えて大人になり社会人となっていく中で、自分の中で人との比較によって自分の在り方が、これでいいんだろうかとか、もっと前へ進まなければいけないんじゃないかとか、非常にプレッシャーも強く感じて、迷ったりもしますね。そういうときに、心のよりどころがどういう部分にあるのかということが、やっぱり生きていく上では非常に大事だと思います。

釈　杉本さんにとってのよりどころは？

杉本　それはまさにお仏間であり、そこでお正月に家族で集まってご挨拶をしてから一年が始まるとか、そういった代々の先祖がずっと続けてきたことと同じ信仰を持って、今日自分がいられることこそが、心のよりどころになっていると感じるのです。ですから、そういう状況にある私は幸せだなあと思います。先生がおっしゃるように、個だけではなくて、自分を生み出してくれたつながりというものを見出すことが、まずは現世を生きる生身には大事だと思います。

釈　杉本家では毎年営まれる自宅での報恩講《ほうおんこう》（親鸞聖人ご命日のお勤め）に関する記録が残っているそうですね。準備から後片づけまでものすごく細かく決まっているとうかがいました。

杉本　報恩講の「お取り越し（本山の法要より前に各寺院や在家で勤める報恩講）」でおこな

う習慣が、『歳中覚《さいちゅうおぼえ》』という暮らしに関する覚え帳に書いてあります。寛政二年に書き始められ、この天保十二年というのが現在残されているものです。報恩講については、ひと月ぐらい前から準備が始まり、お仏壇の輪灯などを磨いたり、戸帳をかえることなどが書かれています。お荘厳《しょうごん》（お飾り）についても、『歳中覚』の通りに用意します。今は写真を撮っていますけれども、それはもう骨の折れる仕事ですね（笑）。

態度で示すお念仏の暮らし

釈　お献立についても書いてあるんですよね。

杉本　報恩講だけではなくて、毎月何日に何を食べるという決まった料理についても書かれています。そういった習慣は商家によくあるものですけれど、うちの場合は、毎月十六日の親鸞さまのご命日に、小豆と小芋と焼き豆腐の入ったお味噌汁をいただいて、二十一日のお誕生日には、茶飯とさいの目のお豆腐のお汁をいただくと決まっていました。でも、今はもう続けてはいないのですけれど。

釈　『歳中覚』を見ますと、時代によって変わることもあるのですね。紙を貼って上書きしてあります。彼岸会《ひがんえ》についても記述がありますね。

杉本　一月から始まって十二月まで時系列で書かれています。月初めにはその月の先祖の命日と法名が記されています。

釈　法要にお招きした布教使《ふきょうし》さんのお名前も書いてありますね。

杉本　私どものお手つぎのお寺は、初代が三重から京都に来たときにいったん身を寄せたという、浄土真宗のお寺です。おそらく奉公先の呉服商も浄土真宗のお家に違いないと思います。そのことについては特に書いていないのですが。

釈　なるほど。親鸞聖人の生誕の二十一日に茶飯をいただく習慣から推測すると、大和（奈良）の門徒さんだったのでは。大和の茶粥って、よく知られているでしょう。屋号も「奈良屋」さんですし。ところで、報恩講のお取り越しが勤まる日は？

杉本　旧暦の八月ですね。今の九月中旬ぐらいかと思います。

釈　「早朝ご本山参詣のこと」とありますから、まずご本山にお参りしてから「在家報恩講」を、つまり自宅で報恩講を執りおこなうということですね。

杉本　今は家族だけですから、簡略化していて、お料理も仕出し屋さんから取ったりしていますね。

釈　このような都市部で、在家報恩講を続けておられるだけでもすごいことだと思います。

杉本　天保十二年のところに報恩講のお献立が書いてありますが、生湯葉、生麸《ふ》、かんぴょうやひじきといった乾物を使った精進料理の「お斎《とき》」をいただいていたようです。ここに、ごぼうと書いてあっても、今で言うところの京都の伝統野菜の「堀川ごぼう」かもしれませんが、当時はことさら京野菜とも言わず、ごく普通にこの辺でとれたごぼうを使っていたのでしょう。また、水菜と書いてありますと、やっぱりいわゆる「京水菜」と呼ばれる野菜をおひたしにして食べたのだろうなとか、『歳中覚』をひもときますと、そういうことがわかってきておもしろいです。

釈　きっちりと記録をつける人がいてこそ、伝わってきたのですね。

杉本　でも、今私たちが読もうと思ったら、くずし字辞典などを引かないとわからない難解なものとなっています。まあ食べ物なんかはおおよその見当がつきますので、私としては非常に楽しいことです。

釈　そもそも杉本さんご自身が料理に興味を持たれたというのは幼い頃から？

杉本　祖母も母も料理が好きでしたので、それをお手伝いしたりするのも好きでした。

釈　そうして大人になって、料理の勉強を始めることになるわけですね。

杉本　最初はフランス料理だったんですよ。私の父が商家を継がないでフランス文学者になりましたので、家の中には本がたくさんあり、その中にフランスの食文化を紹介する本もあったんです。それを見て、こんな素敵な食文化があるんだと思ったのが始まりです。

釈　お父さんは有名なフランス文学者、杉本秀太郎《ひでたろう》さんですよね。フランス料理の世界から、京都のおかずの世界に、というのにはやはり魅力を再発見されたからですか。

杉本　それがそうではなくて……。フランス料理を研究しに東京に修業に出ていたのですが、うちの会社の代表権を持っていた祖父が亡くなり、家業を継ぐ者がいなくなって、この家をどうするかという問題が起こり、京都に戻ってきたわけです。料理を提案するような活動は、町家を維持するという事業の事務的な仕事などに追われて、なかなかできずにいました。でも、折を見て、何か自分が発表できる機会はないかと思っていましたところ、地元の新聞で、京都の普段のおかずである「おばんざい」の本を作りたいというのでスタッフを募集していました。そのスタッフに潜り込めたところから、フランス料理にしか興味がなかった私が、初めておばんざいというものに目が向くようになりました。自分の意図する方向とは別の方向に進み始めたわけです（笑）。でも、今はこの『歳中覚』をご先祖さまがよく書き残してくださっていたと、心から感謝しています。

釈　海外の食文化を通じて、日本の食文化を見直すことにつながったわけですか。

杉本　そうですね。家を守ることと料理を伝えること、その両方が成り立ってきていることをありがたく思いますし、そう思うときにはやっぱりご先祖さまが代々築いてきてくださったこの建物があり、その中心に浄土真宗の信仰というものがはっきりとあったがゆえの今日であるということを、日々、非常にありがたく思っております。

釈　ご命日に特別な料理を作ることも、門徒の生活様式の一つです。また、商家なのに神棚がない。日常生活の中に浄土真宗の教えが溶け込んでいる感があります。

杉本　『感謝の精進料理』のお料理を本願寺出版社からご依頼されたときに、浄土真宗のお斎というものを、料理研究家としてどんなふうにとらえて料理表現に変えていくのかとちょっと悩みました。真宗のお斎には、禅の料理のように明確な規律というものがありませんから。

釈　浄土真宗では、こうしなければいけないといった厳しい戒律的な面は強調されません。大切なことは、日常生活の中に門徒としての態度があることです。そして、それらには長い時間をかけて各地域で育成されてきたものもあります。今、食文化も全国で画一的になってきています。このままでは浄土真宗の食文化も消えてしまうのではと危機感を抱いています。

杉本　それは何としても止めないといけません。今はインターネットで地球の反対側からでもめずらしいものがすぐ手に入る時代です。でも、実際に他府県に行きますと、ここに来なければ食べられないというような料理や、おみやげ一つにでも出会いがあります。

釈　そういうのは誰かが評価しないと消えてしまうこともある。今のうちに、きちんと点検する作業が必要でしょう。

杉本　日本の各地に残されている食に出会いたいという願望がずっとあります。ややもしますと、京都の文化というものは、食に限らず、どこか高いところにちんと座っていて、それで満足してしまいがちなところもあると思うのです。

釈　比較をすることによって見えてくる価値もありますよね。

杉本　はい。京都のおばんざいというものを、他府県と比較しながらきちんと踏まえていきたいと思っています。浄土真宗の「食」に出会うことは、私にとって本当にありがたいきっかけとなる気がします。

釈　これはいい人に巡り会えました。今後ともよろしくお願いします。

杉本節子
（すぎもと・せつこ）

料理研究家、公益財団法人奈良屋記念杉本家保存会常務理事兼事務局長。テレビ料理番組に出演するほか新聞・雑誌の連載、講演、料理講習会など多数。著書に『感謝の精進料理』（本願寺出版社）、『京町家・杉本家の献立帖』（小学館）、『京町家・杉本家の味　京のおばんざいレシピ』（ＮＨＫ出版）ほか。杉本家住宅は年に数回、一般公開されている。

語りを響かせる本堂の建築と文化

Ken Ito

伊東 乾さん
【作曲家・東京大学大学院准教授】

一緒に笑う親鸞さま

釈　伊東さんのご著書『笑う親鸞―楽しい念仏、歌う説教』（河出書房新社）は、これまでになかった親鸞聖人像を描かれました。また、本の中で、真宗寺院の音響について、たいへん興味深い測定をなさっています。伊東さんのご専門は宗教ではなく、音楽ですね。

伊東　ええ。聴覚など人間の身体感覚の観点から、音楽や舞台、宗教行事や伝統芸能の場における、音響・空調・調光の測定をおこなって、解析をしています。

釈　もともとは物理学を勉強なさっていた。

伊東　というより、ずっと音楽家を目指していて、学校では物理を勉強していた、と言った方がいいかもしれません。

釈　東大では、後に地下鉄サリン事件の実行犯になった豊田亨《とおる》が同級生にいて、その事件を追ったご著書『さよなら、サイレント・ネイビー』（集英社）で、開高健ノンフィクション賞をお受けになりました。幅広い才能ですよね。

伊東　いえいえ、ご縁があってのことです。

釈　そしてまた、縁あって『笑う親鸞』を書かれました。きっかけは？

伊東　そもそものきっかけは、節談《ふしだん》説教を知ったことに始まります。僕は、節談が大好きなんです。

釈　節がついた、伝統的スタイルのお説教ですね。どんなふうにして出遇われたのですか？

伊東　東大の大学院で教えるようになる前に、慶應義塾大学で教え始めたのですが、そのとき依頼されたのが、日本伝統音楽論の講義でした。それまでは西洋のクラシック音楽ばかり勉強していましたので、とてもおこがましくて自分にはできないと再三お断りしたのですが、年度末でほかに頼む人が見つからないからと熱心に頼まれて、お受けしました。

釈　いわば門外漢ですね？

伊東　そうなんです。能とか声明《しょうみょう》とかより、私は落語などの寄席芸が好きで、そういう古い芸能や音曲《おんぎょく》なら興味を持って調べていって教えることもできるかなと、甘く考えて見切り発車しました。そのとき、寄席に限らず、日本の話芸を調べていったんです。

釈　語りの世界を全般的に取り上げた。

伊東　そうです。奥深い世界でした。ある日、大学の音楽研究室で話芸のビデオを観ていたら、節談説教が始まったのです。それが廣陵兼純《ひろおかけんじゅん》さんのお説教でした。そのとき、僕は親鸞聖人に出会ったような気がしました。僕なりの勘違いをしたわけです。「これが親鸞という人か」と。つまり、節談説教を聞きながら、「親鸞聖人は浪花節の元祖」という勝手なイメージを持って節談が好きになっていったのです。難しくないし、衆生済度《しゅじょうさいど》になる。「ひそかにおもんみれば、難思《なんじ》の弘誓《ぐぜい》は……」。

釈　「難思の弘誓は難度海《なんどかい》を度《ど》する大船、無礙《むげ》の光明は無明の闇《あん》を破する恵日《えにち》なり」。『教行信証《きょうぎょうしんしょう》』の総序の一文ですね。

伊東　なんて、そのまま言われてもわからないですよね。ご和讃《わさん》にしても『御文章《ごぶんしょう》』にしても、昔の言葉だからわからない。それをわかるように、絵解きも含めておもしろおかしく語る。最初は笑わせておいて最後にきちっと言う。節がつくのは全部、教義に関する文言なんですよね。日常語に節はつかない。押さえるべき箇所にはちゃんと節がついている。見事なもんだなあ、と。

釈　お経のご文なり、親鸞聖人の著作なりを、一部でもいいから覚えて帰ってもらおうとした工夫の一つとして節をつけた面もあります。かつてのお説教は教義を一回でわからせようというわけではなく、長年聞き続けるのを前提として語っています。昔の言葉も、教学用語もそのまま使うのですが、節のまま体にしみ込んでいたご文が、あるとき、何かのきっかけで解凍して、「あ、そうか」と腑《ふ》に落ちる。節には、そういう機能もあります。

伊東　浄土真宗では、繰り返し繰り返し、一生、そして世代を超えて、徹底してお念仏を布教していきますよね。

釈　語る技術が発達した宗派だと言えます。ただ、多くの人に語っていこうとすると、教義のロゴス（論理）だけではなく、パトス（情念）の部分と一体にならなければ、なかなか伝わらない。ともすれば見落としがちな情念の部分を、ご著書では上手に拾っていただいています。

伊東　衆生の心は、情念がないと動かないわけですよね。

釈　親鸞聖人については近代以降、孤高の実存者というイメージがあります。近代になって、キリスト教の罪の意識という概念に照らし合わせたとき、光と影の両方をかかえ続けた宗教者ということで、親鸞を再評価するという流れがありました。そして、親鸞聖人といえば、罪をかかえ、這《は》いずりまわりながらのたうちまわりながら生きる孤高の実存者というイメージが強くなるんです。近代以前は、一緒に泣く親鸞、一緒に笑う親鸞だったと思います。みんなと田植えして、歌を歌って、というような。

伊東　時代時代で求められる親鸞像は、変化してきていると思いますね。

釈　近代以降の、孤高の実存者という聖人像だけではなく、「笑う親鸞」という視点は、今もう一度見直す大事なことですね。

伊東　笑いとか涙とか、感情で抱きかかえる部分がないと、宗教が宗教たりえないと思います。

真宗寺院の構造と声の響き

釈　この本でおもしろいと思ったのは、真宗の本堂についてのお話です。浄土真宗の本堂はお説教に向いていると、多くの方が経験的に感じていたと思いますが、それを測定したのは先生が初めてではないでしょうか。

伊東　真宗の本堂というのは、日本の建築をサンドイッチにしたような形をしています。外陣《げじん》は畳敷きで和風ですよね。内陣《ないじん》には須弥壇《しゅみだん》があって宮殿《くうでん》があって、板敷きだけれど余間《よま》は畳敷きになっています。つまり天竺様《てんじくよう》と唐様《からよう》を和様がはさんでいます。そんな折衷というか融合というか、個性的な建築様式を生み出しています。大陸の様式をそのまま持ってきた法隆寺などと違い、本願寺様式の真宗寺院建築というものは、蓮如さんの時代の日本でなければ生まれなかった、日本が誇るべきものです。

釈　真宗の道場は、外陣と内陣が直線で仕切られていて、内陣よりも外陣の方が大きい。扉を閉めると大広間として使えるし、教えを聞く空間ですが、教育や娯楽の場にもなり、福祉の場、飲食の場にもなります。

伊東　ただの大広間ではなくて、半透明の紗《しゃ》の扉や欄間《らんま》から、仏さまの光が漏れている前で飲食します。調光も優れていますよ。

釈　測定をされた中で印象に残っているのが、年配の前住職と若手の住職の声のお話です。年配のご住職の声がそこの本堂に合っていて響きがいいということに合点《がてん》がいったのです。お経がそんなに達者じゃないご住職でも、そこの本堂ではそこのご住職がいい響きを出せる。それは、その本堂での響き方に体がチューニングされているからですよね。長年、その本堂でお勤めしていると、そこの本堂では一番上手ということになります。

伊東　ホームとアウェーはあると思いますね。プロはアウェーでも感覚をつかむものです。また、本堂は重要なメッセージが伝わる構造になっていて、高座で語ると、その人の声だけがすごく伝わります。それに、念仏和讃が響くのも木の床の上だからです。

釈　我々僧侶も、その場を生かすようにしていかないといけませんね。以前、伊東さんとご一緒して、本願寺の南の能舞台に初めて上がらせていただいたことがあります。実際に上がってみないと気づかないことがあるものですね。舞台から、観客席にあたる座敷の方を見ると、縁の上の壁が白い漆喰《しっくい》でした。壁が反射体になっていたのですね。

伊東　ええ、光を操作しているのですね。光を反射させて舞台を照らすわけです。同時に音も反射させています。また、白洲《しらす》も光を反射しますが、逆に音は吸っています。もっと吸音したければ砂を置いたり、光を吸収したければコケを植えたりするわけです。そういった照明や音響の装置の前例は、慈照寺（銀閣寺）の庭に見ることができます。

釈　なるほど。

伊東　お寺の本堂の壁の上部も白漆喰になっていますよね。高座からの声を反射させる役割もあったと思いますよ。それに光を反射しますから、行灯《あんどん》やろうそくのわずかな光を効率的に生かすことができたのです。昔の漆喰にはカキ殻を焼いた消石灰が使われていたらしく、真っ白に仕上げることができたといいます。

釈　外陣は白い壁で、内陣は黒い漆塗りです。漆の床も特有の役割がありそうですね。

伊東　鏡の池のようにお荘厳《しょうごん》を映し出すとともに、音をよく反射、共鳴させます。そして余計な光は吸収してくれます。ただただ輝くのは金泥《きんでい》で仕上げられたご本尊、阿弥陀さまの像と、それを取り囲むお荘厳、そして揺れるろうそくの炎です。試行錯誤の積み重ねで無意識に形づくられてきたものかもしれませんが、それが伝統の持つ強みでしょうね。

釈　音のメカニズムで言えば、本願寺の北能舞台の下には瓶が入れてあるそうです。

伊東　音を共鳴して響かせるための装置ですね。舞台そのものがバイオリンの胴と同じように、響く構造になっているのです。だから、能の発声法は声を下に抜けるようにします。

釈　建物が変われば、発声も変わるのでしょうか？

伊東　例えば、黄檗宗《おうばくしゅう》の萬福寺《まんぷくじ》は、石の床ですよね。

釈　ええ、チャイニーズテイストというか、中国様式の建築ですね。

伊東　声明も中国式ですよ。和風建築のお寺になって、木造になり、床が上がりました。木の床の上でお経を称《とな》えたり、和讃を称えたりするようになったわけです。東大寺の修二会《しゅにえ》、いわゆるお水取りの行事は、二月堂というお堂でおこなわれますが、木の床で下駄を履いてお称えします。お堂全体を味方につけて、読経の声を響かせているのです。

釈　キリスト教だと、発声法が違いますね。

伊東　西洋の声楽と、梵唄《ぼんばい》（声明）とは、根本的に発声法は違いますよね。その違いは、発声する人がどんな所に立っているかによって生まれました。中国もそうですが、韓国でも足もとが石など固いですよね。密教寺院も全般的にそうですね。キリスト教のグレゴリオ聖歌は、古代末期、石造りの小さな聖堂で、みんな同じメロディを歌うものでした。地べたや石の上で、壁に向かって歌います。グレゴリオ聖歌を大きな声で歌ったら、鳴りすぎるんです。ですから、内省的に歌いなさいと指導されて、非常に細い声で細く長くのばして歌う歌唱法が生まれたのです。

釈　反響がすごく敏感なんですね。

伊東　そうです。大きい声だと響きすぎて聞き取れないのです。それが、ゴシック大聖堂が建てられると、床面積が広くなり、天井が高くなり、声が響かなくなった。そして、ドミソの和声が生まれてきたのです。その後、一大宗教音楽改革を起こしたのがバッハです。バッハはカトリックではなくてプロテスタントでした。教会でオルガンを弾くとき、バイオリンやチェロと一緒に、カンタータとかオラトリオとかを演奏するわけですよね。それをどこでやっているかというと、二階ですよ。つまり木の床です。ビオラ・ダ・ガンバとかコントラバスでもチェロでも、楽器に足がついていて、股ではさんで演奏しますよね。木の床に楽器の足をつけて響かせるのです。室内楽というものはみんな、真宗の念仏和讃と同じで、木の箱の上でする、いわば室内勤行みたいなものですよ。

釈　浄土真宗は、プロテスタントと共通性があるとよく言われますが、音響でも共通点があるのですね。

伊東　本願寺の能舞台が聚楽第《じゅらくだい》から移されたか、石山本願寺から運んできたか定かではありませんが、日本最古の能舞台が本願寺にあるということは意味のあることだと思います。それに、石山本願寺には、能好きの蓮如さんの意向で、雨の日にも演能できるように、阿弥陀さまの前の空間に「仏前能舞台」と「橋掛かり」もしつらえられていたといい

ます。

釈　ほお。

伊東　だいたい能に登場するワキの僧は「これはこのあたりに住まいする僧にて候」と言って登場して、浮かばれない霊や妖怪変化を供養しますよね。最後は必ず「南無阿弥陀仏、南無阿弥陀仏」と念仏をして去っていきますから、きっと浄土系のお坊さんですよね。法然さまの流れだとか、親鸞さまの流れだとか、いろいろ言われていますが、育てたのは蓮如さんです。必ずしも文字を読めるわけではない衆生に対して、仏法を仮面浄土教劇として演じる。蓮如さんなくして、室町後期の能楽の振興はあり得ないでしょう。

釈　蓮如さまの時代は、能楽が大きく展開した時期でもあります。

伊東　あの時代に、西洋から入ってきた火縄銃の技術のほか、石垣を積む技術、掘割、治水、灌漑《かんがい》など、いろんな技術を使って、町ごと自衛した。本願寺様式のお寺は、大変なメカニズムがつまっている、人類の文化だと思います。

釈　確かに。今日も外は暑いですが、築地本願寺の中は空調なしで過ごせました。

伊東　電気がゼロでも快適にいられるように造ってあるのですよね。ここ東京にある築地本願寺は、明治を代表する建築家・伊東忠太が設計しましたが、当然エアコンのない時代で、風通しは考えているでしょう。音の問題と、風の流れの問題は、どちらも空気に関わることです。宮大工さんなども、経験的にわかってらっしゃるのではないでしょうか。遠い未来のことを考えるとき、実は古い過去から続いていることが、未来にも続いていく長寿なものだという考えを持っています。公共の建物は、元来の説教所みたいな造りにしておけば、この列島の風土には合うのではないでしょうか。いずれにしても、真宗寺院は日本の英知の結晶ですよ。

釈　お寺は単なる「箱モノ」ではないということですね。

伊東　器《うつわ》があって、お坊さんがいて、済度される衆生があって、「あ〜、ありがたかったなあ」という場をつくっていかないと、宗教ではなくなっていくと思います。伝統仏教はロックコンサートに集まるくらいの熱気ある、生けるパワーがあったはずです。リアルに体で感じる響きを失っていくと、伝統仏教は、栄養失調みたいに細くなってしまうような気がします。

釈　仏教や浄土真宗を学ぶ場合、どうしても教義・教学中心になりがちですが、建築・発声・演出・効果などにも目を向けていただきたいところです。浄土真宗はとても豊かな生活様式や文化様式を育ててきたのですから。

伊東 乾

（いとう・けん）

東京大学大学院・情報学環准教授。1965年東京都生まれ。1990年、第1回出光音楽賞（作曲）受賞後、作曲家・指揮者に。著書は『笑う親鸞—楽しい念仏、歌う説教』（河出書房新社）のほか、『さよなら、サイレント・ネイビー』（集英社／開高健ノンフィクション賞）、『指揮者の仕事術』（光文社）など。

受け取った物語を思い出してなぞりたい

篠原ともえさん
【タレント】
Tomoe Shinohara

自然に手を合わせたくなる空間

釈　着物をリフォームした洋服には、なかなか着こなすのが難しいようなデザインのものがありますけど、篠原さんのドレスはかわいいですね。お数珠とも色が合っています。

篠原　母がくれた生地でデザインしました。数珠はマイ数珠でいつも持っているんですよ。

釈　寺社参りの記録も残しておられるとか?

篠原　帳面に行く先々のスタンプなどを押しているのですが、まだ数冊程度です。

釈　寺院は日本中に網の目のようにびっしりあって、コンビニよりずっと多いです。だから帳面は増えていくでしょうね。しかし、お寺はどんどん減っていて、限界集落などではお寺が維持できなくなってきています。ここ数十年の間に半減するとも言われています。

篠原　私たちがお寺さんの力になれることはあるんですか?

釈　とにかく何かとお寺に関わっていただければ。人が集まっていただけるなら、少々運営が困難でも、お寺は続いていきます。特に浄土真宗は、念仏者が集う場としてのお寺ですから。集う人がいれば、お世話役である住職や坊守《ぼうもり》（浄土真宗で主に住職の連れ合いのこと）は張り切ります。

篠原　私たちの世代も、お寺さんとコミュニケーションをとるということですね。

釈　ぜひお願いします。そういえば、お坊さんのバラエティ番組に出てらっしゃいますね。

篠原　バラエティ番組でもお寺さんが注目されていますが、お寺や仏教が、ブームではなくて、もっと日常だったり身近な感覚になるといいなあ、と願っています。

釈　さて、さっき一緒に本願寺の書院や飛雲閣《ひうんかく》などを回らせていただきましたけれど、お気に入りの場所はありましたか？

篠原　書院の「鴻《こう》の間」ですね。それは、じっくり見るという鑑賞ではなくて、空間の中に入って、心地がよいっていう感触を、五感でまず感じました。あの感触はなかなか体験したことがなかったので、大きく深呼吸してみたりして、ここに長く居させていただきたいと思いました。

釈　浄土真宗の寺院には観光や鑑賞の対象となるような部分があまりありません。それが一つの特徴です。例えば密教だと仏像などが多様ですごいでしょう。でも、真宗はその場に身を置いていただくことが大事だと思うのです。

篠原　あの空間に足を踏み入れること自体が、何かお招きいただいたことで、自然と手を合わせたくなるような感じがしました。

釈　そうですよね、それはわかるような気がします。例えば、普段は宗教に何の興味もない人も、キリスト教の教会で美しい讃美歌の響きを聞いたら、何とも言えない気分になるでしょう。場の持つ大きな流れに、自分をチューニングしているんだと思うんです。

篠原　チューニングという言葉、ぴったりです。自分にある感性みたいなものをゆっくりとあの場で呼び覚ましてから、その後、またゆっくりと誘《いざな》ってくれるような感覚でした。

釈　あの場も、長年にわたって、たくさんの人が大切にしてきた場所ですから、そこには独特の時間の流れとか空気の流れみたいなものがきっとあって、その場に身を置くことで、そこにシンクロしていく。そして、その場に敬意を表す。手を合わせるという行為は、信仰・信心とは別に、体の感性の問題かなという気がします。それはキリスト教の教会や、イスラムのモスクに行っても感じることです。

篠原　アンテナみたいなものを開いてくださいというふうに感じて、最初にあの場に入って、その後で書院を巡っていきましたが、この物語を知ってくださいという、まるでお寺の絵本の中に導いていただいているような感覚がありました。見終わった後に、一つの書物というか、絵本や絵巻物の中に私が入れてもらったような気がして、いろんな物語がすごく聞こえてきました。

釈　なるほど！　書院は絵本なのですね。確かに絵巻物の中に入って、自分が登場人物になったような。そう言われれば……、今まで気づかなかった。

篠原　立体の絵本の中に入れていただけたみたい！　生き物の絵があって、お花の絵があって、自然の絵があって、そこに私たちが登場しているような感覚でした。

釈　すぐれた建築は、玄関から一つのストーリーが始まるといったデザインになっていますね。さらには、木や土や畳などの素材も大きな要素です。遠くで歌声が聞こえていましたが、あれは仏教讃歌です。近代になってできたもので、讃美歌の影響を受けています。

篠原　音を大切にするっていう感覚も素敵だな、と思いました。屋外の能舞台で鳥が飛びましたよね。鳥の声とか自然の音も大切にしたと思うんですよね。人の声だけじゃなくて、風の音とか鳥の声とか、自然の力も大切にしている空間という感じがしました。

釈　中のデザインと外の風景が違和感がないとおっしゃっておられましたよね。

篠原　お庭でしたら四季の花が咲くでしょうけれど、中の絵も四季折々で、いろんな季節

があり、いろんな時刻があり、時間を感じなかったんですよね。今はこういう季節だとか、時間の感覚も飛び越えられたのが、おもしろかったです。そういうお招きの気持ちが書院にはあったと思うんですよ。時間を忘れてくださいとか、あちらこちらにそういった心地よさの極みを感じました。

釈　ああ、やはりアート系の人ですねえ。篠原さんはデザイナーとしても活躍されています。書院を巡って、創作のインスピレーションにつながりましたか？

篠原　私が生まれて初めて描いたのは椿の絵だったんです。母は青ヶ島村という伊豆諸島の最南端の島の出身で、そこは椿がよく咲くので、母が初めて教えてくれた絵が椿だったんですね。五弁の椿の花を描いて、それで絵がすごく好きになったんです。天井画に椿を見つけて、自分の物語と重ね合わせ、すごくインスピレーションをいただきました。

釈　そうだったんですね。

篠原　また、私は長年の夢だったテキスタイルデザインにも取り組んでいます。描いたイラストを生地にして、皆さんのものづくりの材料にしていただこうという仕事ですが、絵というのは、自分が心地よいというのはもちろんですけれど、見ていただいて心地よいということもあり、生地は、身にまとっていただいて気持ちがよいという要素も要るんです。いろんな気持ちが混ざり合うものづくりの材料として提供したいので、今日見せていただいた極みの心地よさは参考になりました。長く愛されるものを私も残していきたいので、そういう作り手の気持ちも感じることができました。そしてお手入れの文化も。

受け継いでいく習わし

釈　お手入れ、とはどういうことでしょう?

篠原　御影堂《ごえいどう》の廊下の埋木など、遊び心を持ちながら、ケアにケアを重ねて長く伝えていく、そういう皆さんの手や心が感じられました。細かい隅っこの所までお掃除も行き届いていて、次世代へと続いていくんだなと思いました。

釈　大切に手渡していく姿勢を感じたと。

篠原　長く愛されるものって、そういうふうに伝えていくものですよね。放っておくとだめになります。頑丈だから長くもつというものでもなく、もろくて可憐で繊細なものこそ、長くもつということも起こるんじゃないでしょうか。着物もそうですよね。数年前、ひいおばあちゃんの着物をいただいたんです。

釈　お母さまは伊豆諸島最南端の青ヶ島のご出身でしたが、ひいおばあさまも？

篠原　生前、青ヶ島で巫女《みこ》をしていたんです。島には神様拝みという行事があって、着物を着て拝むんです。うちはひいおばあちゃんの代から巫女さんでもあり着物を縫うお針子さんでもあったんですが、その神様拝みのときに着たという着物をいただいたんです。

釈　家宝とも島の宝ともいうべき着物ですね。

篠原　その着物をほどいたら、運針がものすごく丁寧で、衿が何層にも重ねてあったり、裏地には色鮮やかな素材が使ってあったり、ものづくりの思いがその着物に全部注ぎ込まれていて、ものづくりに対して真っすぐな人だったんだということがよくわかりました。

釈　ほどいたからこそ見えてきたのですね。

篠原　触ったときに震えるほどの気持ちになって、ひいおばあちゃんは裏地にまでおしゃれをする人だったんだ。細かく針を運ぶ人だったんだ。袖の部分は傷んでいたので働き者だったんだ……とか、その着物にはひいおばあちゃんの息吹がすべて注ぎ込まれているわけです。そのとき、私は三世代残せるものをこれまで作ったことがあっただろうかと思ったんです。それで、私も残せるものを作りたいと思ったんですよね。なので、タレントの活動と一緒にデザインの仕事をしていきたい、人にアイデアを捧げていきたい。そう思うきっかけをくれたのがその着物だったんです。

釈　素材は何でしたか？

篠原　絹でした。メンテナンスが大変なんです。どうすればいい？　って母に聞いたら、太陽に少し当てるといいよって。当てたらちょっと温かくなって、そうしたらひいおばあちゃんの温度がよみがえったみたいで、おばあちゃんの匂いもしてきて、ここに生きていたんだと胸がいっぱいになりました。それだけでも勇気をもらえて、本当に「感謝」という気持ちになりました。

釈　着物は体に巻き付けて着ますが、抱きしめられるような、身体の軸が意識できるような、そんな心地よさがありますね。

篠原　本願寺の書院は木でできていて自然の顔料が使われていて、その中に入ると自然に抱きしめられているような感覚がありますよね。着物も絹だったり綿だったり、自然に抱きしめられているという感覚があります。ファストファッションとか安くて便利な服が普及しても、三世代残すとなると着物に敵《かな》うものはないでしょう。建築と同じで、ものすごく繊細な技や、次世代に残そうとして作っている心がすごく伝わってきます。

釈　特に宗教儀式に使われていた着物は、それ自体にも力があるでしょうね。

篠原　特別な儀式でなくても、親から着物を受け継いで着ていく習わしがありますよね。

お子さんやお孫さんに親の着物の袖を通すということを、ぜひつないでほしいと思います。

釈　篠原さん自身もお裁縫はするのですか？

篠原　ええ。ソーイングの本も出しているんですけど、運針をみんなに思い出してほしいなと思っているんです。私には針と糸で手作りするＤＮＡが備わっていると思っていて、ひいおばあちゃんから受け継いでいるのか、運針をしていると心地いいんですね。仏さまに手を合わせるのが心地いいように、自分としてはナチュラルな感覚です。私たちの世代にもＤＮＡを呼び覚ましてほしいんです。

釈　篠原さんは先人からのパスをきちんとキャッチしていますね。先人からのパスを受け取るには、キャッチする心と体がないとだめなんです。キャッチして自分の表現へと転換されています。またそこには代替できない物語がありますよね。現代人が目を向けるテーマの一つとして、「物語」があると思っているんです。

篠原　物語？

釈　現代人は情報を操作するのは上手ですが、情報は消費されていきます。でも物語は一旦出会うと無視できなくなる。自分自身の生き方が変わる。それが「物語」だと思うんで

す。一つの着物から糸を一目一目ほどくプロセスから物語を読みとって、生き方が変容する。そんなふうに物語へと身をゆだねる能力を現代人は忘れてはいけないと思います。

篠原　物語に救われること、ありますよね。

釈　ありますよ。仏さまの物語へ本当に身も心もゆだねることができたら救われます。私は現代における物語の力をもう一度考えたいのです。

篠原　釈先生はどういう物語を次世代に伝えたいですか?

釈　仏教の教え、お念仏の教えです。まずは私自身がしっかりと先人のパスをキャッチしなければなりませんが。また、次世代へとどのようなパスを出すのがよいのか、よく考えなければならないと思っています。

篠原　パスをつなぐと言えば、私はＤＮＡをなぞると心地よいということを信じていて、お裁縫のほかにもご先祖がやっていた節分の行事や習俗などをなぞっています。

釈　確かに、先人がおこなった行為をなぞるというのは重要です。それが私自身を基礎づけてくれます。そういえば、ちょっと思い出しました。以前、浄土宗のお坊さんと一緒にパレスチナ難民キャンプを回ったことがあるんです。難民の方たちは着の身着のままで避難して、そのまま家に帰れず七十年……。たった一つ、軍隊にも奪われなかったものは刺繡だったそうです。身に備わったものだから奪いようがない。それを商品化して販売するＮＧＯの人たちと一緒に回りました。それでそのうちに、イスラエルではユダヤ教の、パレスチナではイスラム教の、それぞれ強烈な信仰の圧力を感じて、大変疲れました。浄土宗の方と二人で「疲れましたね」「そうですね」「我々はお念仏しましょうか」「はい。南無阿弥陀仏、南無阿弥陀仏」とお念仏を称《とな》えると、リアルに身体感覚が戻っていく経験をしました。ピンチのときに頼りになるのは、長年身に染み込んできたものですね。お念仏を手放さなければ、どこででも生きていけるんじゃないかと感じました。

篠原　私は青ヶ島のひいおばあちゃんを思うこと自体で力が湧いてきます。

釈　ＤＮＡのつながりだけじゃなく、場が生み出すつながりもありますね。例えばお寺の本堂。そこに座って手を合わせていた大勢の人がいた。そして、これから生まれてくる人もそこで手を合わせる。宗教の場では、過去や未来の人ともつながることができる。

篠原　それも物語ですね。本願寺で釈先生から聞いた物語も、書院を歩いていて聞こえてきた物語も、これからの人生で思い出してなぞっていこうと思います。

篠原ともえ
（しのはら・ともえ）

1979年東京都生まれ。95年16歳で歌手デビュー。タレント、衣装デザイナー、女優、ナレーターなど幅広い活動を展開中。90年代“シノラーファッション”は一大ムーブメントとして大流行。近年では天文を愛する“宙（そら）ガール”としても活動。

第五章

出会いに育てられて

二木てるみさん
【声優・俳優】

天岸淨圓さん
【僧侶・布教使】

ありがとう
おかげさま
丁寧に
パスを渡す

Terumi Niki

二木てるみさん

【声優・俳優】

人との出会いなくして私はいない

釈 二木さんの家のご宗旨は、真宗大谷派だそうですね。

二木 ええ。京都の東大谷に祖父のお墓があり、今日はこのご縁をいただいたので、こちらへ来る前にお参りすることができました。撮影で京都に来たとき、東本願寺にお参りすることはありますが、西本願寺へは今日が初めてです。

釈 二木さんは、四歳のときに黒澤明監督の『七人の侍』に出られたり、NHK開局番組のドラマに出演されたりというような、子役のパイオニアでいらっしゃるわけですが、映画界に入られたきっかけは？

二木 私は人見知りをする子で、前向きな子になるようにと、父が幼稚園代わりに劇団に入れたのです。表現することで情操教育ができるとも考えたようです。ごく普通の家庭に育ちましたが、父の妹とか、母の妹とか、大人が寄り合いみたいに暮らしていました。

釈 その頃は子役なんて少ないでしょう。どんなふうに才能を見出されたのですか？

二木 私はやせっぽちで小さくて、いつも隅っこにいるような子でした。劇団にしても、ただ預かっているだけの子だったと思います。映画『警察日記』の久松静児《せいじ》監督が来られて、私がイメージに合うということで、父と母を説得したようです。「ロケに連れて行くけれど、自分の娘と同じように扱うから承諾してくれ」と。

釈　いきなり大人の世界の仲間入りですね。

二木　青天の霹靂《へきれき》みたいな……。監督は撮影中いつも私に話しかけてくださったんです。例えば「寒いんだよ、とっても寒いんだ。それに、お母さんがいなくて、さびしいんだよ。お腹もすいているんだ」って。すると私はだんだん「ああ、物語の中にいるんだ」と思ってくるわけです。「用意スタート！」とか「三つ叩いたら泣いて」とかじゃなくて、「走っていきたくなったら走れ。うまくいったら本番まわすから」と監督はおっしゃってました。

釈　すごく感性が磨かれますね。役を通して、子どもの頃からたくさんの経験をされたことでしょう。

二木　だから、後に子どもを育てるときにいろんな教育論をかじりましたが、三歳ぐらいまでに自然と遊んだりして感性を育てるというような体験を、身をもってしていたようなことになりますね。疑似体験ではあっても、いろんな世界があって、いろんな立場があるのだと思わされました。例えば、極貧の女の子の役をしたら、お母さんから「親方にお金を借りてきて」と言われて、親方に手紙を渡してお金をもらう。また裕福な女の子の役だけれど、クラスに鉄屑を拾う男の子がいて「どうしてそんなもの拾うの？」と聞くと、「売ってお金にするんや」と言われる。鉄屑とは何か、売ってお金にするというのはどういうことか、を考えますよね。子どもも働いていた戦後の時代を、演じることを通して経験させていただいたわけです。

釈　子どもの頃から、いろんな大人のモデルを見ることは大切ですね。

二木　ええ。ドラマの中の人物だけでなく、監督や女優さんや俳優さん、たくさんの大人を見て育ちました。

釈　さらに、家でも大人たちに囲まれて。

二木　特に今の若い人は、同じ世代や同じ価値観の人の中だけで群れたがりますよね。私は言葉もわからないような頃から、たまたまいろんな年齢の人がいる中に入れられて、疑似体験とはいえ、いろんな世代、いろんな環境の中に入ってきました。交流することを億劫《おっくう》がってはいけないと思います。

釈　若い人は自分が評価されそうにない領域に近づかないという傾向があります。自分の近くにおじさん、おばさんがいなくなったことは意外と大きな問題であるように思います。親の兄弟って、子どもに大きな影響を与えているんです。家庭も学校も同じ価値観で、同じような方向を向いていると、子どもには息苦しい、厳しい環境になってしまいます。だめなおじさんが家でごろごろしていると、子どもは助かる（笑）。

二木　また違った目線が生まれますよね。私は、脇にいる大人たちを横目で見ながら、戦後の人とか江戸時代の人とか、物語の中で人間の生きざまを垣間見ながら、大人にさせてもらったんです。それは一期一会《いちごいちえ》。出会いをなくして私はいないんです。

釈　二木さんって「してもらった」「させていただいた」っておっしゃるでしょう。「ご縁があって」とか「させてもらうことができた」という言葉づかいが印象的です。浄土真宗は、宗派の伝統でそういう言葉づかいをするんですよ。「お念仏を称《とな》えさせていただく」「拝読させていただく」という言い方が伝統的にあるんです。江戸時代の初めのジョーク集のような本があるのですが、そこに「真宗の人は何かというと〝お〟とか〝ご〟とかを付ける特徴がある」と書いてあるんです。「お正信偈《しょうしんげ》」「ご和讃《わさん》」とか。自分の力じゃなくて「ご縁」とか「おかげさま」とかで、させていただくことができたという、視点のひっくり返ったところがあるんです。「俺がやった」じゃなくて「させていただくことができ

た」という視点のひっくり返りと、縁に巡り合えた喜びを込めて使われているのです。二木さんはご本の中で子育てについて、全編通して、その言葉づかいで書いておられました。

二木　そうでしたか？

釈　「子どもができて、いたずらして困ったけれども、おかげでこんなことを気づかせていただいた」という言葉づかいが、美しいなあと思って読ませていただきました。

二木　おかげさまって言うけれど、本当にその通りなんです。私の仕事の環境って、口移しで「おかあちゃん」って言ってもらって、それを真似て「おかあちゃん」って言う。私にそう言わせるために、いろんな人たちが力を尽くしてくれたんです。そこには母もいるし、監督、助監督、アシスタントさん、衣装さん、照明さん、小道具さん、大道具さん、それにカツラ屋さん……。役者でも、主役がいて、脇がいて、脇の脇がいて、やっと主役が立つんです。

釈　そんな中でずっと育ってこられた。

二木　そういう業界の中にどっぷり浸《つ》かりながら生きてきました。それに、舞台となると、お客さまがいなければ、成り立たないんです。見る人がいて初めてそこで出来上がる。全部があって一つのもの。そんな中で生きてきました。主役なんて不思議なもので、下手でも成り立つんです。それは、主役にさせていただいているのは、皆さまのおかげだからなんですよ。

釈　おかげさまが染みついているのですね。

二木　理屈じゃなくて身をもって学びましたから、細胞の一個一個に染みついている感じです。それに、母はよく「娘であっても預かりもので、風邪を引かすわけにはいかない」と言っていました。遊びたいけれど、ケガをするわけにいかないんです。場面にはつながりというものがあって、あるシーンの二〜三分後のシーンが一週間後の撮影ということがあります。私がケガをしたら、シーンがつながらない。皆さんに迷惑がかかるんです。

釈　お母さまも本当によく支えてくださったのでしょうね。

二木　本当に。だから、私が子育てをすることになって、悩んだり、いろんなことで試行錯誤したりしましたが、それも、子どもがダダをこねてくれたからで、子どもがいなかったらそういう経験はできなかった、と素直に思えたのです。

中身を丁寧に手渡していく

釈　二木さんは朗読の活動もなさっていますね。ホスピスで朗読されたとか。

二木　ええ。読ませていただいたのは、なぜ月にウサギがいるか、という童話です。ウサギが捨て身で火に飛び込んでその身を焼いて、旅人に食べてもらうという。

釈　仏教説話ですね。「ジャータカ」という、お釈迦さまの前世の物語です。

二木　そうなんですね。最初、ホスピスで朗読を頼まれたときはとまどいました。残りのいのちが限られた方を前にして、果たして読めるだろうか、と思っていました。けれど、皆さんに支えられたんです。そこには椅子やソファに座ってらっしゃる方のほか、車椅子の方や、車付きのベッドに寝たまま聞いてくださった方もありました。私ががんばって読もうとするより、そこには「生きよう」というエネルギーがいっぱいで、そのエネルギーに押されて読ませてもらったんです。とても力強く、楽しく読めた私がいたんです。涙一つこぼさず、本当に元気に読むことができました。

釈　なるほど。それは貴重な体験だ。

二木　すごく不思議な思いがしました。ホスピスにはカラオケボックスと呼ばれている部屋があって、「あそこは泣く部屋なの」と教えてもらったり、明日、ひょっとしたらこの物語を最後にいのちを終えられる方がいるかもしれないと思ったり、生きることと死ぬことの段差がなくて、自然に時間が流れている。ああ、こういう場所があったんだと思いました。

釈　死と向き合っている人に、言葉を伝えるお仕事ですね。言葉の力を感じるお仕事では？

二木　ええ。朗読は、〝整った言葉〟を生み出す場です。きれいな言葉で物語を紡ぎ出す作業です。死と向き合っている人たちを前にして、いかに言葉を紡いでいくか。生きる喜びを伝えているような気がしました。

釈　〝整った言葉〟の力ですね。

二木　日本語は、思考を深めていく、また広めていく言葉だと思います。「恋」一つとっても、ひとめぼれ、初恋、老いらくの恋などと幅がありますよね。忍ぶ恋、なんて聞いただけで、映像が浮かびますよね。朗読は、言葉を立ち上がらせてイメージを浮かばせて、物語を動かしていく、そんな作業だと思います。

釈　思考が広がることによって、共感が生まれる。特に日本語は共感しなければ通じにくい言語です。例えば「おかげさま」という言葉は主語がないんです。もともとないらしいんです。あらためて、誰のおかげ？　と聞かれると、具体的にイメージしているわけではない。主語のない言葉というのはあいまいでわかりにくいけれども、多方向に広がった言葉であるとも言える。

二木　「ありがたい」もそうですよね。有ることが難《かた》し、という、存在していること自体が大変なことだという意味ですよね。あるとき、こんなことを言われました。私が今日は三つやろうということを一つしかできなかったんです。「でも、てるみさん、今日一つだけできたことがあるでしょう？　一つできたら一つ、ありがとうが生まれたのよ」って。それを聞いて「〝難きこと〟が一つできたんだな。有り難い」と感じました。

釈　〝整った言葉〟についてはよく考えないといけませんね。ほら、ネット上の言葉は荒れやすいでしょう。それは短時間で作って発信するからだと思うんですよ。下書きをする、手紙を書くなど、プロセスを丁寧にすると言葉が整ってきます。

二木　朗読するときは、いつ、どこで、誰が、何を、どういうふうにしたということを、とても大事に話します。オオカミが登場するなら、まずちゃんと丁寧に「おおかみが」と、初めて聞く人に、ちゃんと一音一音発音して言葉を届けます。

釈　流して読むわけではないのですね。

二木　丁寧に手渡すということは、学生たちに教えてもらいました。学生に〝二木てるみ〟って言っても誰も知らないんです。この人誰？　と思われている状態で話していくとき、まず関係を築く作業をしなくてはいけないんです。その作業はすごく疲れました。

釈　でも、根気よく丁寧に、一から話していくプロセスが大事なのでしょう。

二木　初めて聞く物語に対しても、丁寧に読むのではなく、中身を丁寧に伝えていく、手渡していくということをやっていかなければならないんです。それは五歳の子に対するときと、九十歳を超えた人に対するときでは、手渡し方が違います。

釈　コミュニケーションが上手な人は、パス上手な人なんですよ。ぞんざいにパスをしたら、受け取れないし、言葉が暴れます。

二木　相手を見極めながら丁寧に伝える。ですから、若い人たちには違う年齢層とたくさん交わっていってほしいと思います。最近、みんなすごく傲慢になっている気がしません

か？　表現の方法も傲慢で、「絆」ということも、ファッションのように言葉が暴れ回って腹立たしく感じました。マスコミがキャッチコピーに使っているんじゃない？　商売のためじゃない？　って。

釈　この対談シリーズでも何度か話題になっているのですが、「人に迷惑をかけたくない」というものの言い方にも少し現代人の傲慢さを感じますね。いかにも自分は迷惑かけずに生きているかのような……。考えてみれば、確かに我々は人のお世話にならなくても暮らせる世界を目指してきました。一昔前は、もっと地域共同体と関わらないと生きていけなかった。でも、濃密なご近所づき合いをしなくてもやっていける社会になってきました。それが過剰になり、何も関わることがなくても自分の力で生きていけるという気分になっている。

二木　それに、どんどん自己主張していかないと、踏みつけられてしまう……。

釈　そうですね。現代社会はどんどん自己主張や自己表現が求められるようになっていきます。現代社会の落としどころは「自己決定」ですから。

二木　民主主義や個人主義の勘違い？

釈　個人主義というより消費者体質ですね。対価を支払えば、それに見合うサービスを受けて当然。サービスに満足できないとクレームを言う。

二木　具合悪いですね。本当はお互いに支え合って成り立っているのに、サービスする側とされる側みたいになってしまう。

釈　そして、そのときはサービスをする側の人も、また別の場面ではサービスを受ける側になる。基本的にはみんなが消費者です。

二木　でも私は、日本人の心の中には「つながり」への思いはなくなっていないと思っています。

釈　なるほど。とにかく、人に丁寧なパスを渡す、この姿勢がポイントです。そうでなければ、今の消費者体質をよい方向へと向けることはできない気がします。

二木　百円の物だけど、それ以上の気持ちで差し上げる。丁寧に包んで手紙を添える。子役の頃、お菓子やぬいぐるみをいただくと、お礼の手紙を書いていたんです。母が必ず「自分の字で書きなさい」と、下書きをして。遊びたいのに「めんどくさい」なんて思いながら書いていました。母に「ママがもらったんじゃないでしょ。うれしかったでしょ。おいしかったでしょ」って言われながら。だから、そういうことをしないと気持ちが悪いんです。

釈　言葉も物も、丁寧にパスをしていくことを大切にしたいですね。

二木てるみ

（にき・てるみ）

1954年４歳で黒澤明監督『七人の侍』に農民の子の１人として参加。５歳の時、久松静児監督『警察日記』に出演し、才能を開花。1965年黒澤明監督『赤ひげ』おとよ役でブルーリボン助演女優賞を史上最年少で受賞。1987年ＮＴＶ『赤い夕日の大地で』でギャラクシー賞個人賞を受賞。以後、映画、テレビ、ラジオドラマ、声優などの分野で幅広く活躍。著書にフォトエッセイ『あなたを見ていると、子供の頃を思い出します』（けやき出版）がある。

ひっくり返す力 揺さぶる言葉

Joen Amagishi

天岸浄圓さん
【僧侶・布教使】

仏教入門の最初の一歩

釈　天岸さんは日頃、教義や教学を説いておられる中で、真宗僧侶や門徒が現代人と一緒に歩みを進めるためには、何が必要だとお考えでしょう？

天岸　痛感しているのは、仏教もしくは浄土真宗がいったいどういうことをお伝えしたいのか、何を聞いてほしいのか、その部分がはっきりとしていない、というところですね。

釈　かつては、生涯通じてお聴聞《ちょうもん》（ご法話を聞くこと）を続けたり、お寺と長いおつき合いをしているうち、次第に教えを身につけていったり、といったことが前提となっていました。しかし、それは難しくなりました。現代人には、ややピンポイント的に重要なところを伝える工夫が必要なのかもしれません。また、地域や家族の形態も変化していますから、教えとの出遇いも限定的になっています。

天岸　今までお寺や仏教と直接縁のなかった方々が初めてお寺に足を運んでくださったとき、その方々に対応できる部分が欠けている、というのが問題だと思っています。

釈　最初の一歩をくじかれてしまうようなご縁になるということでしょうか。そこはよく考えねばならないところですね。最初の一歩としてご縁を結ぶときに大切なことことはどういったことでしょう。

天岸　現在、日本の公的教育では宗教というものが皆無です。せいぜい、あなたの家は何宗ですか？　と質問があって、ご自身の宗旨（宗派）を意識される程度でしょう。ですから、宗教とはきわめて形式的なものという感覚が強い。その形式さえ踏めば宗教であるかのようにお思いになっておられる。まずは宗教教育から始める必要があります。

釈　宗教教育は現代日本の大きな論点ですね。これほど宗教を学ぶ機会がない国は、そんなに多くないでしょう。

天岸　一番大事なのは入門です。あの「三帰依《さんきえ》」の重大さ、そこを説くところから宗教とは何かということを意識してもらう。

釈　「南無帰依仏《なもきえぶつ》、南無帰依法《ほう》、南無帰依僧《そう》」と、三宝（仏・法・僧）に帰依（信認して順《したが》う）するところから始まるのですね。

天岸　「何をよりどころにするか」もしくは「何を判断基準にするか」ということが宗教の基礎的で最も大事なことなんです。それをまずお伝えをする。現在、社会全体を眺めますと、経済主義や個人主義といったものがあり、現代日本で機能している宗教と言えば、むしろそちらが宗教的だと言えます。経済的なものに中心的価値を置き、それによって判断をし、それによって行動をする。もしくは、個人主義的な、あるいは自己中心的な想念を軸にして、それを無批判に受けとめ、判断基準にして行動する。

釈　現代人の多くはそれを軸にして生きている。

天岸　「南無帰依仏、南無帰依法、南無帰依僧」というのは、自身の判断基準を確定していく言葉です。「私は、真理を実現したブッダをよりどころとし、その教えを尊重し、その教えの尊厳さを社会において顕彰《けんしょう》させていくという責任感を持つ」と。これを宗教と言い仏教と言うと。まず、そういった宗教教育の根本から話を始める必要があると思います。

釈　世間を生き抜く基準であり、世間を超えていく道筋である。そこからなんですね。

天岸　社会的な価値観を絶対視する人間の中にあって、それだけじゃないですよ、こういう価値観というのがあるんですよ、と相対化していくのが宗教です。社会では価値観の多様性ということをよく聞きますが、決して多様性があるのではない。それは好き勝手なもののの見方が許されているというだけです。そういう社会の価値観をいかに相対化していくかが宗教の働きと言えるでしょうね。

釈　「自分の側からこの世の中を見ている」という方向がひっくり返ってこそ、自分の在り方が大きく変わることになりますよね。以前、ホームレスの人が中高生に襲われる事件が起こったとき、犯人の少年の言葉が衝撃でした。「なぜ、こんなことした」という問いに「あいつら何も世の中の役に立っていないじゃないか」と。つまり、役に立つか立たないか、損か得か、敵か味方か、でしかこの世の中を見ていない。この枠組みをいかに揺さぶるか、時に反転させるかというところに宗教の力がある。宗教にしかその力はない。

天岸　「三宝」とは、価値観を表しているんですね。仏法僧を宝として受けとめ、それを判断基準としようと努力する。その中に私というものは入っていないんです。私をあくまでも相対化していくような働きとして、仏教なり宗教というものが機能していく、いや、しなければならない。その機能性が果たされていないのが、現実の問題です。

人間の評価だけではない

釈　価値が「効率」だけになりつつあるところに、現代人の苦悩があると言えそうですね。価値が一つだと逃げ道も救いもない。その意味では、僧侶だって現代人ですから、いろいろ不安を抱えていますね。特に若い僧侶は。

天岸　これだけ大きく社会が変動してくると、どういう状況が巡り合わさってくるかわからない、寺院運営の今後の展開についても楽観的ではいられない。そういう意味でも不安を抱えて自らの場を認識している。そこで、若い人たちにいかに自信を持ってもらうかが、私たち年寄りの役割だなあと思っています。

釈　はい。それと、今の若い人が他者評価に敏感なことも気になっています。

天岸　そうですね、人間が評価してみたってしょうがないことでね。人間だけが評価しているのではないという、そういう意識を大事に持つことのありがたさをお伝えしたい。

釈　それは大事なことです。他者評価を意識しながら、どうせ自分なんて、と自己評価がすごく低くて苦しむ若者が多い。かつての一億総中流時代ではなく、一部の勝ち組と大半の負け組という構造の中で、どうせ負け組だという感覚を持っている。かといって、現代人なりのプライドもある。だから、自分が評価されそうにもない場所には近づかない。それでは生きづらいだろうと思います。そんなときに、仏さまの眼と出遇うことができればよいのですが……。

天岸　学校なら学校、家庭なら家庭の中でいかに開いてあげられるか、ですね。私が教えています行信教校（浄土真宗本願寺派の僧侶養成の学校）でも、学年の途中で一年経たないうちにくじけてしまう人がいる。「講義についていけない」と言う。自分だけが落ちこぼれているような錯覚に陥っているんですね。そのときに「あんた、他人の心の中がわかるか？　たぶん皆、あんたと同じような感覚で座ってるねんで」と。「理解できてる人は一人か二人いるかもしれないけれど、それは変わりもんや。宇宙語みたいな勉強を始めて三、四カ月、それでわかったら、私なんかさっさと辞めてるわい」と。自信を喪失している状況をいかにひっくり返すか。

釈　以前、臨済宗僧侶で作家の玄侑宗久さんと私が、会場の方の質問に答えるという場面で「大学四年生で就職活動の真っ最中の子どもが、三十五社受けて全部落ちて、とにかくふさぎ込んで自信をなくして鬱々《うつうつ》としています。私はどう声をかけたらよいでしょうか？」と問いがあって。玄侑さんは「一番大事なのは、あなたが三十六番目にならないことです」と。家庭も社会と同じ価値観だと行き場がない。あなたは別の価値で息子さんと向き合いましょう、とお話ししていました。宗教者には、社会常識的な枠組みを揺さぶるという面がある。その一方で、揺さぶるにはしっかりと日常に足を踏みしめていないとできない。

天岸　そうですね。学校の宗教教育も大事ですが、失礼ながら、お坊さんの育成から始めないといかん。

釈　浄土真宗は誰にでもわかりやすい仏道だという言葉をよく耳にしますが……。

天岸　そうですね。どなたにもわかるんですよ、というものの、実際に何がわかるのかというと、どうもわからない。

釈　外国人の方に同じ話を聞いたことがあります。熱心に浄土真宗の教えを学んでいる方なのですが、以前は「禅」を勉強していたそうです。それで、「禅の入り口はハードルが高いけれど、入ってみるとスキッとしている。真宗は入りやすいけれど、入ってみるとモヤモヤしている」と。

天岸　たぶん、その原因は、お話をお伝えする側の僧侶が、基礎的な部分をきちっと把握できていないことにあると思います。浄土真宗のご法義（仏教の教義）は、仏教全体の頂点のようなところにあります。真宗学を学ぶなどして浄土真宗とご縁の深い方は、その学んだことをお伝えしようとするのですが、そのときに伝承されたご法義の言葉の部分だけをいきなりお話ししてしまう。頂点のようなところを、スタート地点のように錯覚して話をし始めるということがあるように思います。

釈　たとえて言うならば、山を登らないうちに、頂上ではこんな景色が見えますよ、という話ばっかりして、実感を持っていただけないということでしょうか。

天岸　そうですね。もう一つ問題かなと思うのは、話の発端となる問題提起で「そういうことは浄土真宗では言わないんですよ」などと、すっと話を流してしまうことがある。

釈　最初の一歩のところで、聞いた方をがんじがらめに規制してしまうことになります。そんなふうに自由がきかないような状態にして、いきなり頂点からの光景を話す……。

天岸　話をしている方はそれなりの認識なり状況が見えているのでしょうが、お聞きになっている方は、靴の上から足の裏を掻《か》いているような、わかったようなわからんような。わかれと言われても、何をどうわかればよいのか、ありがたいと言われても、何がどうありがたいのか、ということになってしまいます。

釈 基礎的な部分が抜けて、定型化された語り口ばかりを身につけていると、せっかくご縁を求めている人の最初の一歩をくじいてしまうような応答になってしまうと。

天岸 それに、原理だけに固執してしまうと、枠にガチーッとはめようとする、そういう危なさも出てきます。

言葉がさらーっと解きほぐしていく

釈 お伝えしようとすると、どうしても言葉に頼ることになります。枠にはめることのないよう、常に注意しなければいけませんね。

天岸 例えば法事にお参りしたとき、他宗派ですと、お参りする方の意志を、仏さまとのつながりの中でわかりやすく醸《かも》し出すことができる気がしますね。真宗では「先祖供養や追善回向《えこう》なんて」と切り捨てるように言ってしまいがちですが、供養や追善をおこなうことで人間の意識が向こう側へ通るわけでしょう。そこには自己満足性があるでしょう。

釈 やはり「自分が懸命にやっている」ことへの実感はあるでしょう。

天岸　真宗にはそれがありませんからね。それが否定されていますからね。

釈　私の行為の無効性が説かれますから。

天岸　難しいし、気の毒やなあとも思います。そういうお方の気持ちを感じる部分が、お寺の住職さんたちには欠落している。そこがなかなか難しいところなんだ、という認識が、さみしいことに、ないんですよね。「そういうことは真宗ではしません」と一刀両断にしてしまってはいないか。門信徒の方たちが直接仏さまとご縁を結びたいというときに、その満足度が真宗の入門では欠けているんです。

釈　教義や教学は、しばりをかけてくる機能を持ちます。でも、しばられてしまって身動きがとれなくなってはいけない。誠心誠意、きちんと向き合って、そこを超えていく一歩を踏み出す。次の一歩を踏み出すためのしばりであるということです。またそれは決して自分勝手なことをせよというのではない。

天岸　特に、真宗教義のある一面というのは極論ですよね。その極論で日常を語ろうとすると、これが難しいところです。極論だけでは生きていけません。極論ですべてを判断しようとしないで、極論を基礎として、もう少し日常性というものの中で語ることができる部分を補完しておく必要があると思います。

釈　日常生活に足をつけてお話しできればよいですね。宗教者というのはトリックスターと言いますか、社会の枠組みや人の心を揺さぶる役割を担っています。でも、しっかりと日常に足をつけていないと、揺さぶることができない。日常に足をつけて、その日常とは別の価値を提示する。日常とは別の扉が開くからこそ救われる。そこにこそトリックスターの果たすべき役割があります。

天岸　その果たすべき役割が果たせていない忸怩《じくじ》たる思いがあって……。揺さぶらねばならない側が、逆に揺さぶられなければいけない状況にはまり込んでいる、ということでしょうか。

釈　宗教はもっと動的なもので、Q＆Aみたいに決まりきったものじゃなく、ダイナミックに生き生きとしたものであるはずです。生活に根ざしている、というのはそういうことですよね。

天岸　そういえば、以前、おもしろい経験をしました。知人の息子さんが会社で不本意な状況になって、「『歎異抄《たんにしょう》』を読みたい。参考書がほしい」と言う。「参考書は要らんわ」「何で?」「読んでもわかるかいな」「そしたら、どうやって読んだらええのん?」と言うから、「お母さんに仏教辞典を借りて、国語辞典と古語辞典、漢和辞典を持って読むとええ。参考書にするなら、本願寺の赤い歎異抄の本があるから、あれがええわ」と。

釈　赤い本のどこがよいのですか?

天岸　よけいなこと書いてないから（笑）。しばらくして会ったら、読んだと言う。「言うてた通りや、さっぱりわからん」。つまり、彼は読んだんです。読まなかった人は「ありがたかった」と言う。それは嘘です（笑）。「読んでどやった?」「もうええねん」「何で?」「初っぱなに『老少善悪をえらばん』と書いてあったやろ。あれでええねん。僕は善悪をえらんで、善ばっかりほしがってた。そうでもない、って書いてあったから、これでええねん」と。これでええんですね。彼は読んだんです。だからケリがついた。参考書には詳しい解説が書いてあるけれども、そんな言葉は響かないんです。響かないことを書いて、響いたような錯覚に陥っているのは私らです。響く言葉が響かんようになってる。私らの言葉がじゃまをするんです。そうではなくて、あの揺り動かすような言葉ですよ。「善いことばっかり取って悪いことを捨てたい」という常識の中にあって、「老少善悪はえらばない」と書いてあった。「ああ、そうかえらばないのか」と腑《ふ》に落ちた。お聖教とはこういうものなんですね。

釈　本物の言葉は力がありますね。

天岸　読んでわかるのではなく、言葉がさらーっと解きほぐしていく、そんな言葉を残してくださっているんですね。

うまいことひっくり返された

釈　天岸さんのお生まれはお寺ではなく大阪の一般のお家ですね？

天岸　そうです。母親は明治の最後の生まれで、おもしろいおかあちゃんでした。正月とか節分とか伝統的な行事を大切にして、十日戎《とおかえびす》、お雛《ひな》祭り、花見、そういうことをよく楽しんだ母です。お盆、七夕、月見と、折々に私を連れてってくれました。

釈　大事なことですね。宗教的な感性を育てるには、季節季節の年中行事が大切です。

天岸　今になってそう感じますね。お寺や仏教のことが好きになる原点はそこにあります。

釈　お父さまはどんな方でしたか?

天岸　父は母と同い年の明治の生まれです。父は機械工具を扱う仕事をしていました。おもろい父でね、楽器が大好きで、洋楽の楽器も邦楽の楽器も好き。家にはギターと三味線がありました。父は放任で細かいことは言わない。母の影響で小さな時分から伝統行事的なものは違和感なく、私の中にすーっと入っているんです。育った家は真宗じゃありませんから、お盆には精霊棚《しょうりょうだな》が置かれて、夏や秋のお祭りも楽しんでいました。真宗では「そんなことせえへん」と風習を楽しむことをしませんね。お子さんには何となく歳事などに関わらせてよいのではないでしょうか。そうして、やがて自分で取捨させたらよいと思います。

釈　教条的に理屈を押しつけるのではなく、文化土壌や宗教文化とどんどん接した上で、自らの生き方において取捨選択させると。

天岸　行信教校の学生たちにも、そういうものに触れなさいと言っています。うちの息子たちにも私はほとんど何も言いませんから、小さいときに勝手にお宮さんに初詣に行ってお守りを買ってきたんです。「どうしてこんなのを買ってきたの」とは言わずに「そう、大事にしときな」と言いました。真宗のお寺さんの中にはアレルギーのように拒絶反応を示される方もおいでになりますが、私にはそれがないんです。ですから、ご門徒の方たちが神社のお札を迎えてくる気持ちがそれなりに理解できます。また、それがちょっと行き過ぎになってきたらストップをかけなあかんという加減もある程度わかる。

釈　弾力性のある接し方ですね。子どもの頃に育まれた感性があるからでしょうね。

天岸　もともと仏画が好きで、絵の道に進もうかと夢見てたこともありました。そんなとき、梯《かけはし》實圓《じつえん》という化け物みたいな人が目の前にひょこっと出てきたんです。私が高校生のときです。

釈　それが師との出会いであり、真宗との出会いだった。

天岸　新聞に真宗青年会連盟という小《ち》っちゃな広告が載っていたのを偶然目にしました。大阪の中央公会堂に講演を聴きにいったけれども全くわからない。そこで「今後のご案内をします」と言われて住所と氏名を書いたら、座談会の案内が来て、そこへ行ったときに梯先生が座ってはった。まだ〝かけはし〟とは読めない（笑）。

釈　人生の分岐点ですね。

天岸　その出会いがなくて、もし私が子どものときからの夢を貫くようであれば、真宗の僧侶にはならなかったですね。仏教美術という面では真宗はあんまり楽しくないですからね。よもや自分が浄土真宗のご法義にずぼっと入るとは考えられなかったですね。

釈　梯先生とお出会いになったときに、どういうところに魅力を感じられたのですか？

天岸　あのね、一つにはね、親父と別れた直後ぐらいだったということがあります。

釈　父性のようなものを感じられた？

天岸　それと、あの先生のすごいところは、わからないと言うと、そのわからなさを理解させるところです。「あんたこうわからんやろ？　こう考えてるやろ？　そう考えているけれども、こういうふうに、ここをこう向けてごらん。そうするとこの答えとすっと合うやろ」と、そんな教え方なんです。

釈　いかにご本人が試行錯誤なさったかということでしょうね。

天岸　ご自身がぶつかって曲がって折れてというようなことをされてきた。その迷路がきちっと見えていて、この道を行ったらここで詰まる、こういう所でこういうふうに考えた

ら詰まってくる、そしたらこちらのほうへ行けば、この出口に行くよと。また単に出口だけじゃなくて、こっちへ行けばこういう答えになる、こっちへ行くとこういう形で行き詰まる、だから、こういう道を立てていくねんで、と。たいていのことは、そういうふうに示してくださる。だから、安心してついていける。

釈　高校生のときに道は決まったと。その後、お坊さんになるという思いは？

天岸　ありました。先生はうまいときにうまいこと人生をひっくり返してくれはりました。龍谷大学在学中の二十歳で得度しました。卒業後は布教を学ぶ伝道院へ行き、それが終わって、フリーターをしながら行信教校へ通って、以来ずっと居座っています。

釈　そして二〇一四年、梯和上がご往生なさいました。

天岸　今から二十年以上前の話ですけれど、和上の師であった先生がご往生になったとき、お弟子の梯先生がご法話をなさったんです。それから少し経った頃、私に「行信教校って何がええねん？」と問うた方がありました。そしたら、梯先生のことがふっと思い出されて「行信教校てのは、自分の先生のことで泣くクセおまんねん。自分を教えてくださった先生がお亡くなりになったとき、弟子は泣くんです」と言いました。これは直接経験していませんけれども、梯先生の師であった方が、そのまた先生の話をなさるとき、うるうるとしておられた。また、さらにその先生がご往生になったときもよく似た光景だったと思うんですね。それで、師のお通夜のご法話に梯和上がお立ちになって、人前で大声あげて泣きなはった。後にも先にも私はあのとき一回しか経験してないですね。そのことをふっと思い出しましてね。「教えてもろた先生が往生なさったら、最後は一遍泣くなんて、ええ学校ですねん」とお話しした。やっぱり私も梯先生を送ったら、ぼとぼとに泣いてまんなあ（笑）。

釈　……（泣）。ありがとうございました。

天岸浄圓

（あまぎし・じょうえん）

1949年大阪府生まれ。龍谷大学文学部真宗学科卒業、本願寺派宗学院修了、行信教校研究科卒業。本願寺派輔教、布教使、行信教校講師。大阪市内の西光寺住職。著書に『御文章ひらがな版を読む』（本願寺出版社）など多数。

初出一覧

P.16～31　池上 彰　月刊誌『大乗』2011年11～12月号
P.32～59　大村英昭　月刊誌『大乗』2011年4～10月号
P.62～81　井上雄彦　月刊誌『大乗』2012年10～12月号
P.82～99　玉岡かおる　月刊誌『大乗』2013年4～6月号
P.100～116　みうらじゅん　月刊誌『大乗』2013年9～11月号
P.118～131　香山リカ　月刊誌『大乗』2012年1～3月号
P.132～151　西山 厚　月刊誌『大乗』2014年10～12月号
P.152～171　駒澤 勝　月刊誌『大乗』2012年6～9月号
P.174～187　杉本節子　月刊誌『大乗』2013年7～8月号
P.188～201　伊東 乾　月刊誌『大乗』2014年8～9月号
P.202～215　篠原ともえ　月刊誌『大乗』2015年6～8月号
P.218～231　二木てるみ　月刊誌『大乗』2013年12月～2014年1月号
P.232～251　天岸淨圓　月刊誌『大乗』2016年1～3月号

本書は月刊誌『大乗』連載「随縁対談」（二〇一一年四月号から二〇一六年三月号）の中から十三名を選び構成、加筆・修正を施したものです。

〈著者紹介〉

釈 徹宗

（しゃく・てっしゅう）


1961年大阪府生まれ。相愛大学人文学部教授。専門は宗教学、比較宗教思想。

浄土真宗本願寺派如来寺住職。

ＮＰＯ法人「リライフ」代表。

著書に『ブッダの伝道者たち』（角川選書）、『死では終わらない物語について書こうと思う』（文藝春秋）、『おてらくご』（本願寺出版社）、『この世を仏教で生きる　今から始める他力の暮らし』（大平光代氏と共著、本願寺出版社）ほか多数。

随縁 つらつら対談

2016年11月1日 初版 第1刷発行

著 者——釈 徹宗
発 行——本願寺出版社
〒600-8501 京都市下京区堀川通花屋町下ル
浄土真宗本願寺派（西本願寺）
TEL 075-371-4171／FAX 075-341-7753
http://hongwanji-shuppan.com/
編集協力——PHPエディターズ・グループ
印 刷——株式会社図書印刷同朋舎

定価はカバーに表示してあります。
BD03-SHI-①11-61

ISBN978-4-89416-045-3 C0015